덕담 따라 언성이 자란다

덕담 따라 인성이 자란다

인쇄 | 2024년 5월 15일
발행 | 2024년 5월 20일

글쓴이 | 손세현
펴낸이 | 장호병
펴낸곳 | 북랜드
　　　　06252 서울 강남구 강남대로 320, 황화빌딩 1108호
　　　　41965 대구시 중구 명륜로12길 64(남산동)
　　　　대표전화 (02)732-4574, (053)252-9114
　　　　팩시밀리 (02)734-4574, (053)252-9334
　　　　등록일 | 제13-615호(1999년 11월 11일)
　　　　홈페이지 | www.bookland.co.kr
　　　　이-메일 | bookland@hanmail.net
책임편집 | 김인옥
기　　획 | 전은경
교　　열 | 배성숙 서정랑
ⓒ 손세현, 2024, Printed in Korea

* 이 책의 판권은 저작권자와 북랜드에 있습니다.
* 이 책 내용의 전부 또는 일부를 재사용하려면 양측의 동의를 받아야 합니다.

값 13,000원

ISBN 979-11-7155-068-5 03810
ISBN 979-11-7155-069-2 05810 (E-book)

덕담 따라
연성어 자란다

손세현 글

북랜드

머리말

 삶은 사람과 사람의 만남입니다. 인(仁)은 사람 두 사람이 사랑으로 만나고 도덕으로 만나는 것입니다. 도덕(道德)은 도(道)와 덕(德)을 합한 말입니다. 도(道)는 우리가 가야 할 옳은 길이요. 덕(德)은 옳은 길을 갈 수 있는 힘이 되는 것입니다. 지난 이야기들을 통해서 우리의 과거를 새롭게 만날 수 있는 곳이 바로 이야기길입니다. 덕(德) 자의 고자(古字)는 덕(悳)이고, 덕(德)의 근본(根本)은 직심(直心)입니다. 즉, 바르고 곧은 마음입니다. 덕담(德談)이란 상대편이 잘되기를 바라는 말이나 인사입니다. 덕은 선(善)을 행할 수 있는 힘이요, 옳은 길을 갈 수 있는 품성입니다. 재물은 집을 윤택하게 하고 덕은 우리의 몸을 윤택하게 합니다. 덕이 풍족하면 우리의 인격이 풍성해지고 마음이 넓고 활발해집니다.

 어릴 적 어른들의 말씀은 자라나는 아이들의 피와 살이 되는 위대한 힘을 가지고 있음을 알게 됩니다. 요사이 아이들은 바쁜 일과에 쫓긴다는 점과 참을성 등을 고려해서 이야기를 5분 이내로 끝낼 수 있게 하여야 합니다. 가르치려고 하지 말고 재미나게 이야기를 들을 수 있도록 해야 합니다.

인성덕담은 들려주는 것만으로도 훌륭한 교육이 될 것이고, 어른과 아이와 대화가 되는 것입니다. 아이들은 이를 통해 남의 말에 귀 기울여 듣는 태도를 배우게 될 것입니다. 그리고 사람이 어떻게 살아가는 것이 옳은 것인가를 배우게 될 것입니다.

한자는 우리의 조상 동이족이 만들었습니다. 단위마다 한자를 쉽게 재미있게 배울 수 있도록 말미에 파자하여 설명해 놓았으니 한자 공부에 큰 도움이 되었으면 합니다.

요즘과 같이 핵가족화되고 이웃과도 담을 높이 쌓고 살아가는 시대에서는 우리들이 자랄 때와 달리 일가친척과의 내왕(來往)도 만남도 적은 편입니다. 또 동네 사람들도 없을 정도입니다. 함께하는 아름답고 정다운 삶으로 이웃 간에 이웃사촌이 되었으면 합니다.

아이들을 조급하게 훈계하지 말고 옛날이야기 속에서 소재를 찾아 재미나게 들려주면 아이들 덕담 교육과 삶에 큰 도움이 되지 않을까 생각해 봅니다.

끝으로 원고를 예쁘게 다듬고 정리함에 노고를 아끼지 않은 관계자 여러분께 감사합니다.

2024년 어느 봄날

손세현

차례

4 • 머리말
11 • 마음을 다스리는 글

인사(人事)·감사(感謝)·봉사(奉仕) 12
대한민국(大韓民國) 연호(年號) 18
밥상머리 교육 21
사람(四覽) 24
귀(貴)한 이야기 29
가장 무거운 죄가 불효(不孝)다 34
나쁜 사람 좋은 사람 39
무딘 몽당연필이 좋은 머리보다 낫다 43
귀 빠진 날 미역국은 누가 먹어야 할까 46
책임 없는 '때찌때찌' 교육 50
남을 미워하지 말자 53
엄마의 인성교육 56
예의 바른 옷차림 59
우애 있는 사슴의 울음소리 63
남의 허물은 덮어주자 66

등에 업힌 아이가 배우겠어요 69
은악양선(隱惡揚善) 72
편식(偏食)을 하지 말자 76
감사는 만병통치약이다 79
가(家) 자와 안(安) 자의 유래 83
친구와 사이좋게 지내자 87
거짓말은 다 나쁜 말인가 91
사람과 반려동물의 장례식장 95
한 놈, 두식이, 석 삼… 99
'쪼다' 출생지 102
당선자와 당선인 106
한자(漢字)는 우리의 조상동이족(東夷族)이 만들었다.... 109
우리의 전통 놀이 찾기 114
솔(率)나무처럼 118
양손잡이 122

친구를 따돌림하면 나쁜 사람 126
남 탓하기 전에 내 잘못은 없는가? 129
잘난 체하지 말자 132
남에게 잘못했으면 사과하기 135
정직한 사람이 되자.................................... 138
시간은 천금(千金)이다.................................. 141
갓을 쓰고 다니는 조선인 143
바다 같은 부모 사랑................................... 147
물 같은 삶 150
반포지효(反哺之孝)..................................... 153
벗.. 156
말은 신중하게 159
할매! 손잡고 가자 162
매사에 자신감을 갖자 165
지름길 168
정직한 삶은 행복이다.................................. 171

나라에 꼭 필요한 사람이 되자 174

아버지 177

재미나는 숫자놀이 11 181

감사기도(感謝祈禱) 187

속여서 이기는 것보다 지는 게 이기는 것이다 189

강감찬(姜邯贊) 장군은 청렴결백한 사람 192

한국 처녀와 미국 총각 195

잉어 아버지와 거미 어머니 198

우렁이의 모성애와 가물치의 효도 201

노인을 존경하자 204

훈장님 훈장님 209

걸레 같은 삶 214

속담 속에 덕담 217

지성(至誠)이면 감천(感天) 221

■ 참고문헌 224

* 사자성어 225

마음을 다스리는 글

복은 검소함에서 생기고, 덕은 겸양에서 생기며,
도는 안정에서 생기고, 명은 화창에서 생기나니,
근심은 애욕에서 생기고, 재앙은 물욕에서 생기며,
허물은 경망에서 생기고, 죄는 참지 못하는 데서 생기느니라.
눈을 조심하여 남의 그릇됨을 보지 말고,
입을 조심하여 착한 말 바른 말 부드럽고 고운 말을
언제나 할 것이며 몸을 조심하여 나쁜 친구를 따르지 말고
어질고 착한 이를 가까이 하라.
이익 없는 말을 실없이 하지 말고 내게 상관없는 일을
부질없이 시비치 말라.
어른을 공경하고 덕 있는 이를 받들며,
지혜로운 이 미지한 이를 밝게 분별하여
모르는 이를 너그럽게 용서하라.
오는 것을 거절 말고 가는 것을 잡지 말며,
내 몸 대우 없음에 바라지 말고 일이 지나갔음에
원망하지 말라.
남을 손해 하면 마침내 그것이 자기에게 돌아오고
세력을 의지하면 도리어 재화가 따르느니라.
사람들아 이 글을 읽고 낱낱이 깊이 새겨서
다 같이 영원을 살아갈지어다.

요은서상

인사人事·감사感謝·봉사奉仕

　인사(人事)·감사(感謝)·봉사(奉仕)를 난 삼사라 이름 지었다. 남녀노소를 불문하고 평생을 두고 삼사를 실천하는 사람이 되었을 때, 우리 사회는 살맛 나는 아름답고 행복한 나라가 되지 않을까 살며시 마음을 기대어 본다.

　첫째, 인사(人事)에 '사(事)' 자는 '섬길 사' '일 사' 자(字)이다. 사람을 섬기는 마음으로 인사를 해야 된다는 말이다. 사람의 만남에는 제일 먼저 인사부터 시작한다. 아침에 일어나자마자

"안녕히 주무셨습니까?"

"안녕."

"굿 모닝(good morning)."

　인사부터 시작해서 저녁에 잘 때쯤

"잘 주무십시오."

"잘 자."

"굿 나잇(good night)"으로 하루 인사를 마치고 달콤한 꿈의 나라로 여행을 떠난다.

인사에는 절인사와 말인사가 있다. 윗사람에게 인사할 때는 절인사를 먼저 하고 난 후 바라보고 공손하게 말인사를 하여야 된다. 절인사하며 말인사를 같이 하는 경우가 많다. 절인사하면서 말인사를 같이 하면 땅바닥 보고 "안녕하십니까?"가 된다. 땅바닥은 말을 배우지 않아 대답을 할 수가 없다. 교실 같으면 교실바닥이나 책상은 무생물이기 때문에 말인사를 할 수가 없다. 그래서 교실 같으면 선생님을 바라보고 "안녕하십니까?"라며 말인사를 해야 바람직한 인사가 되지 않을까 싶다.

사람은 만남과 헤어질 때는 꼭 인사(人事)가 그림자처럼 동반(同伴)한다. 생활 속에 인사가 참 중요하고 인정(人情)을 나누는 귀중품(貴重品)이다. 인사는 누가 먼저 하는가? 먼저 본 사람이 먼저 인사를 해야 되지 않을까? 윗사람이 먼저 볼 때도 있고, 아랫사람이 먼저 볼 때도 있다. 윗사람이라고 인사를 꼭 받으려고 하지 말았으면 좋겠다. 다정다감하게 윗사람이 먼저 하는 것도 아랫사람의 마음을 기쁘게 하고 더 가까워질 수 있는 관계가 이루어지리라 본다. 어릴 때부터 인사를 잘하는 사람은 미래에 성공하는 사람이 되지 않을까 싶다.

둘째, 감사(感謝)다. 감사하는 마음은 늘 행복(幸福)을 만든다. 시(時)도 때도 없이 불평불만을 늘어놓는 사람은 자신도 모르는 사이에 불행과 친해진다. 불만은 남과 비교하면서 시작이 된다. '나뿐이다'라고 나만 생각하는 사람은 나쁜 사람이고 불행한 사람이 되지 않을까 싶다.

감사하는 마음은 행복이요 아름답고 귀한 말이다. 감사(感謝)가 있는 곳에는 늘 인정(人情)이 넘치고, 웃음이 있고, 기쁨이 있고, 넉넉함이 있고, 행복이 있다. 모든 것에 사랑하고 감사할 줄 알아야 한다. '아버지 감사합니다.' '엄마 감사합니다.' '할배 할매 감사합니다.' '선생님 감사합니다.' '친구야 고맙다.' 모든 분께 감사할 수 있어야 한다. 사람이 살아가는 데 사용료도 주지 않고 공짜로 사용하는, 없어서는 안 되는 소중한 것이 많다. '공기님 감사합니다.' '해님 감사합니다.' '바람님 감사합니다.' '구름님 감사합니다.' '비님 감사합니다.'

우리의 몸에도 감사할 줄 알아야 한다. '위장님 감사합니다.' '심장(心臟)님 감사합니다.' '폐(肺)님 감사합니다.' '눈님, 입님, 코님, 귀님 감사합니다.' 팔이 하나 골절(骨折)되어도 '감사합니다.'라고 여유 있게 이야기할 수 있어야 하지 않을까?(두 개가 다 골절되지 않았으니까) 매사에 감사하는 마음을 가진 사람은 한평생 행복할 것이다. "덕분에 감사합니다." "덕분에 고맙습니다."라는 말을 입에 달고 다니면 늘 행복해지지 않을까.

셋째, 봉사(奉仕)다. 봉사란 남을 받들어 섬기는 것이다. 나보다 남을 먼저 생각하는 마음을 갖자. 그것이 곧 나를 위하는 것이다. '아조타 아조아(我助他 我助我): 내가 남을 돕는 것은 곧 내가 나를 돕는 것이다.' 참 재미있는 말이다. 나로 하여금 남이 행복하다면 그보다 더 즐거운 일은 없을 것이다.

우리 국민들은 자원봉사가 시민의 권리이자 의무임을 먼저 인식해야 하고, 자원봉사활동을 통하여 자아 성장과 잠재력이 개발됨을 믿어야 할 것이다. 우리 자원봉사자들은 자원봉사 대상자의 신체적·정신적·경제적·사회적 모든 특성에 편견을 가지거나 차별하지 않아야 하고,

자원봉사자들은 성실하고 진지하게 자원봉사활동을 하며 자원봉사 대상자 및 업무와 관련된 비밀을 지켜야 할 것이다.

모든 분들이 '1365 자원봉사 포털'에 가입하여 봉사 활동에 임하시면 봉사 시간이 통장에 차곡차곡 저축이 될 것이다. 오십 시간 이상 저축이 되면 각종 혜택도 주어진다. 자원봉사자증으로 할인 가맹점 이용이 가능하다. 자원봉사자증 및 우수 자원봉사자증 발급은 가까운 자원봉사센터로 증명사진 한 장과 신분증 지참 방문하여 발급받는다. 우수 자원봉사자에게는 유공 표창도 있다. 언제나 남을 먼저 생각하는 참 봉사 정신으로 이웃사랑 나눔 실천운동에 소리 없이 앞장서 희망의 씨앗이 되어 미래를 밝히는 등불이 됩시다.

인사, 감사, 봉사, 이 삼사를 대한민국 국민 모두가 평생 실천한다면 우리나라는 예의 바른 나라가 되어 미래에 세계 최강국이 되지 않을까? 작은 꿈을 꾸어 본다. 대한민국 파이팅!!! 우리 청소년들 홧팅!!!

* 鳩(비둘기 구, 모을 구) : 구구구(九, 아홉 구)하며 우는 새(鳥, 새 조)는 비둘기다. 구소(鳩巢: 비둘기의 둥우리), 구수(鳩首: 머리를 서로 맞대고 의논함).
* 鳴(울 명) : 입(口, 입 구)으로 새(鳥, 새 조)가 운다. 비명(悲鳴)
* 嗚(탄식할 오) : 입(口, 입 구)으로 까마귀(烏, 까마귀 오)는 탄식하듯 운다.
* 烏(까마귀 오), 까마귀는 온통 검은 색이라 눈이 보이지 않는다고 하여 새 조(鳥)에서 눈(一)을 뺀 새가 까마귀다. '새 조(鳥)' 자는 눈이 있고 '까마귀(烏) 오' 자는 눈이 없다.

대한민국 大韓民國 연호 年號

　현재 우리는 서양식 연호인 서력기원(西曆紀元), 즉 서기(西紀)를 쓰고 있다. 서기는 예수 그리스도가 탄생한 해를 기준으로 하는 것이다. 1896년 고종은 '건양(建陽)'이라는 독자 연호를 정해 조선이 자주 국가임을 선포한 후 대한제국 때도 '광무(光武)'와 '융희(隆熙)'라는 연호를 잇따라 사용했지만, 1910년 일본 제국주의에 국권을 빼앗기며 독자 연호도 사라지고 말았다. 1948년 대한민국도 독자 연호로 단기(檀紀)를 잠시 썼다. 단군이 고조선을 세운 연도(기원전 2333년)를 기준으로 사용하였다. 올해 서기 2024년에다 기원전 2333년을 더하면 단기(檀紀, 단군할아버지)로 올해는 4357년이 된다. 공기(孔紀, 공자님)로는 2575년, 불기(佛紀, 부처님)로는 2568년, 서기

(西紀, 예수님)로는 2024년이 된다. 현재 우리나라는 단기, 불기, 서기를 함께 쓰고 있다.

전통 의례의 축문을 보면 유(維) 다음에 연호(年號)를 쓰는데, 연호를 쓰지 않고 간지(干支)로 그해의 세차(歲次)만 쓰는 이유가 뭘까? 궁금할 것이다. 그 이유는 1910년 우리나라가 일제의 식민지 통치를 받기 전에는 축문에 우리나라의 연호를 썼으나 당파싸움으로 국방력이 약한 탓에 남의 나라 식민지가 되어 우리의 연호를 쓰지 못하였다.

국가와 국민을 위한 정치를 해야 하고 국방을 튼튼하게 하여 국민이 안전하게 생업에 종사할 수 있도록 해야 할 지도자들이 그저 권력을 잡기 위해 당파 싸움만 하고 국민은 뒷전이고 국방도 등한시(等閒視)하다가 나라 잃은 꼴이 되었다. 그러다가 국권이 빼앗기니까 우리나라에는 연호가 없어졌다. 축문에 연호를 굳이 쓰려면 일본의 연호를 쓸 수밖에 없었다. 나라 잃은 설움으로 조상님 볼 면목이 없었다. 그래서 축문에 연호를 쓰지 않고 유세차(維歲次)로 썼던 게 지금까지 이어지고 있다.

우리 민족의 역사를 가리켜 반만년(半萬年) 역사, 유구한 역사라고 부른다. 우리나라도 세계적 추세에 맞추어서 현재 서력기원을 쓰고 있으나 서력기원이 우리의 역사는 아니다. 서력기원 이전에도 우리의 역사가 있었다. 그뿐만 아니라 서력기원 이전 이미 세계 어느 나라에 내놓아도 손색이 없을 만큼 훌륭한 정신문화의 전통을 가지고 있는 민족이다.

이제는 광복이 된 지도 칠십여 년이 지났건만 아직까지 축문에 연호 없이 유세차로 쓰고 있다는 게 부끄럽지 않은가. 늦은 감은 있지만 지금부터라도 우리의 연호 단군기원이 있으니 축문에 '유단군기원(維檀君紀元) ○○○○년'이라 써야 하지 않을까 싶다. 비록 공식적으로는 서기(西紀)를 쓰지만 우리의 역사와 전통문화를 살리기 위해 우리의 연호인 단군기원을 쓰는 것이 바람직하지 않을까?

* 恰(흡사할 흡) : 마음(忄, 마음심 변)을 합(合, 합할 합)하여 흡사한 사람끼리 모인다.
* 拾(주울 습, 열 십) : 손(扌, 손수 변, 재방 변)을 합(合, 합할 합)하여 물건을 줍는다. 손을 합하니 열이 된다 하여 열이라는 뜻도 된다.
* 給(줄 급) : 실(糸, 실 사)을 합(合, 합할 합)하여 길게 잇듯 물건을 계속 준다.

밥상머리 교육

 옛날부터 우리나라는 밥상머리 교육을 강조해 온 나라다. 밥상머리 교육이란 가족이 다 함께 모여 밥을 먹으면서 서로 마주하며 이야기를 통해 가족 간의 사랑과 인성(人性)을 키우고 예의를 배우는 교육을 말한다.

 가정에서 가족과 함께하는 따뜻한 마음으로 밥상머리 교육을 통해 인성교육과 사회생활의 예절 전반을 배울 수 있는 기본 바탕이 되었으면 한다. 아이들과 함께 사랑과 인성을 키우는 밥상머리 교육에 큰 기적을 낳을 수 있는, 세상에서 가장 맛나는 밥상이 매일 차려지기를 바란다.

 이 음식이 제 앞에 오기까지는 어떤 분들의 노고가 있었는지 헤아려보며 감사의 기도를 올리고 이야기를 나누어 본다.

 온 가족이 함께 밥을 먹는 자리에서 이루어지는 아름

다운 인성 예절교육은 전(全) 가족이 식사(食食) 때만큼은 모두 모여 나누어 먹는 것이다. 이는 타인에 대한 배려의 식을 일깨우기 위한 것이다. 각(角)이 없는 둥근 두리반에 칠팔 남매가 모여 어린 동생에게 형, 누나가 무릎에 앉혀 밥을 떠먹이고 젓가락으로 반찬을 올려준다. 이것은 나눔의 정신과 배려와 양보 사랑인 것이다. 손으로 반찬을 집어 먹지 않도록 하는 교육이다. 한 가족이 함께 식사하는 시간을 강조하는 것은, 부족하고 없는 음식을 함께 나누어 먹기 위해서다.

어른이 숟가락을 들기 전에는 숟가락을 들어선 안 된다. 이것은 참을성과 절제력을 키우고, 어른과 아이는 차례가 있다(長幼有序, 장유유서)는 것을 가르쳐 주는 교육이다. 또 오른손으로 식사를 하게 한다. 대가족(大家族)이 좁은 밥상에 함께 모여 식사를 했기 때문에 왼손으로 먹을 경우 옆 사람에게 피해를 준다. 타인에 대한 배려 의식을 일깨워 주는 것이고, 자유스러운 행동이 타인에게 피해를 준다는 뜻이다. 남과 같이 먹을 때는 배불리 먹지 않고 밥을 조금씩 자주 뜨고 오래 씹는다.

웃어른이 진지를 마치기 전 먼저 식사를 마치고 자리를

떠나서는 안 된다. 식사를 일찍 마치면 어른이 수저를 놓을 때까지 나의 숟가락은 그릇에 걸쳐 놓고 기다리고 있어야 예에 맞는 것이다. 먼저 웃어른이 수저를 놓은 다음에, 따라서 내려놓도록 해야 되지 않을까.

핵가족이 가속화되면서 밥상머리 교육이 사라지고, 학교에서는 입시 위주 교육으로 인성 예절교육이 뒤로 밀리면서 우리 청소년들은 예의범절이 무엇인지조차 모르고 나만 생각하면서 개인주의로 성장하고 있다.

일주일에 한 번 정도라도 '가족과 함께하는 식사의 날'을 정하여 식사하면서 충분한 대화를 나누고, 천천히 맛나는 음식을 먹으며 아이들의 말을 끝까지 경청(傾聽)하고, 작은 일에도 서로 칭찬하고 공감해 주었으면 한다. 밥상머리 교육에 아이들 훈계나 잔소리의 자리가 되어서는 안 될 것이다. 웃음꽃이 피어나는 행복한 밥상이 되었으면 한다.

* 教(가르칠 교) : 효(孝, 효도 효)는 매로 (攵, 攴, 칠 복, 때릴 복) 때려 기본을 가르친다. 교육(教育), 교훈(教訓), 교수(教授)
* 性(성품 성) : 마음(忄, 심방 변(心이 변에 쓰일 때))을 가지고 이 세상에 나온(生, 날 생) 것이 본 성품이다.
* 聽(들을 청) : 귀(耳, 귀 이)로 왕(王, 임금 왕)처럼 곧은(直, 곧을 직) 마음(心, 마음 심)에서 나오는 소리만 들어야 한다.

사람四覽

 사람과 인간(人間), 어느 말이 좋은 말이고 어느 말이 나쁜 말일까? 국어사전에는 사람이 인간이고, 인간이 사람이라고 되어 있다. 그런데 초등학생들한테 물어보면 '인간은 나쁜 말이다.'라고 한다. 어른들이 술을 마시고 입씨름할 때 보면 큰 소리로 "야! 인간아." 하면서 말싸움을 하니까 '인간은 나쁜 말이다'라고 한다. 듣고 보니 남을 비하(卑下)하는 말이라 나쁜 말인가 싶다.

 미물(微物)에서 원시인 동물로, 동물에서 인간으로, 인간에서 사람으로 변하지 않았겠나 싶다. 인간(人間)의 한문(漢文) 뜻은 동물과 사람과의 사이에 있는 것을 인간이라 하고 인간으로 태어나 성장하면서 공부도 하고 예의범절을 배우고 익히며 사람으로 변모(變貌)하지 않았을까? 혼자 중얼거려본다.

사람은 사방(四方)을 다 볼 수 있어야 사람이지 싶다. 난 사람을 한자로 사람(四覽)이라고 쓴다. 사람의 사(四)는 사방이고 네 가지이고, 람(覽)은 본다는 뜻으로 한쪽만 보지 말고 사방 동서남북을 두루 다 보아야 바람직하지 않을까 싶다. 그리고 성인(聖人)들의 말씀이 네 가지로 간추려져 있어 사람에 '사'는 넉 사(四) 자로, 보고 익히고 실천하라고, '람'은 볼 람(覽) 자로 하여 사람(四覽)이라 지어 보았다.

공자는 예(禮)란 '마음의 근본'이라고 주장하며 "사람은 예(禮)가 아니면 행할 수 없다."고 하였다. '예'에는 '말을 함부로 하지 않는 언어의 예', '남을 의식하고 챙겨 입는 의복의 예', '차례를 존중하고 자기의 욕심만을 챙기지 않는 질서의 예', '선(善)과 악(惡)을 가릴 줄 아는 슬기의 예'를 구분하였으며, 모든 예를 잘 지킴으로써 바른 삶을 영위할 수 있다고 네 가지를 말씀하셨다.

공자의 사물론(四勿論)을 보면 '예(禮)가 아니면 보지도 말고'〈비예물시(非禮勿視)〉, '예(禮)가 아니면 듣지도 말라'〈비예물청(非禮勿聽)〉, '예(禮)가 아니면 말하지도 말고'〈비예물언(非禮勿言)〉, '예(禮)가 아니면 움직이지도 말라'〈비예물동(非禮勿動)〉. 보고, 듣고, 말하고, 행동하는 모든 것을 예(禮)가 아니면 하지 말라는 사물론 네 가지를 설(說)하셨다.

맹자(孟子)의 〈공손추(公孫丑) 장(章)〉의 사단설(四端說)을 보면 '무 측은지심 비인야(無 惻隱之心 非人也) 남을 측은해하는 마음이 없으면 사람이 아니다.' '무 수오지심 비인야(無 羞惡之心 非人也) 자기의 옳지 못함을 부끄러워할 줄 알고, 남의 잘못을 미워하는 마음이 없으면 사람이 아니다.' '무 사양지심 비인야(無 辭讓之心 非人也) 사양하는 마음이 없으면 사람이 아니다.' '무 시비지심 비인야(無 是非之心 非人也) 옳고 그름을 가리는 마음이 없으면 사람이 아니다.'라고 네 가지 사단설을 맹자께서 말씀하셨다. 사사로운 욕심을 억제하려면 맹자의 사단설을 배우고 익혀 예절을 실천해야 사람이 되지 않을까.

퇴계 선생의 좌우명(座右銘)을 살펴보면 첫째 논어에 나오는 사무사(思無邪): '간사한 생각이 없어야 한다.' 둘째 대학에 나오는 신기독(愼其獨): '홀로 있어도 늘 조심하라.' 셋째 대학에 나오는 무자기(毋自欺): '자기 스스로를 속이

지 말라.' 넷째 예기(禮記)에 나오는 무불경(毋不敬) : '모든 것을 공경하라.(공경치 아니함이 없어야 한다)' 퇴계 선생의 좌우명도 네 가지다.

동서남북(東西南北), 생로병사(生老病死), 남녀노소(男女老少) '부모 자식 형제 이웃' '봄 여름 가을 겨울' 사계절 등도 네 가지씩이다. 네 곳을 바라보며 실천하라는 것이 사람(四覽)이 아닐까 싶다.

이웃이 힘들 때 도와주려는 따뜻한 마음씨와 섬김의 자세로 지하철이나 버스에서 노약자에게 자리를 양보하는 아름다운 마음씨가 일어나는 솔바람이었으면 좋겠다. '예'란 사람이 지닌 순수하고 선한 마음이 행동으로 실천할 때 일어나는 것이 아닐까.

우리가 남을 사랑하려면 사욕과 이기심을 버려야 한다. 이기심을 버리려면 예절을 실천해야 되지 않을까?

사람은 사방을 다 볼 수 있어야 하니 넉 사(四) 자에 볼 람(覽) 자를 쓰면 어떨까 싶다.

* 覽(볼 람) : 감(監, 볼 감)도 보는 것인데 여기에 견(見, 볼 견)을 덧붙였으니 두루두루 자세히 살펴보는 것. 전람(展覽), 관람(觀覽), 회람(回覽)

* 間(사이 간) : 문(門, 문 문)짝으로 햇(日, 해 일)빛이 들어오는 그 사이. 간식(間食), 근간(近間), 간지(間紙)
* 視(볼 시, 살필 시) : 보이는(示, 보일 시) 것을 본(見, 볼 견)다 하여 살피고 본다는 것이다. 시각(視覺), 시력(視力), 시청(視聽), 시야(視野), 주시(注視)

귀貴한 이야기

'귀[耳이]'는 귀(貴)하다고 '귀[耳이]'라 한다는데 귀[耳이]만큼 귀(貴)한 이바구 몇 자루 해볼까.

첫 이바구 자루, 다 커서 군대를 갔다, 또는 객지에서 살면서 자기의 부모에게 안부를 묻고 전할 편지를 쓸 때 봉투에 주소를 어떻게 써야 할까? 대개 자식이 부모에게 편지를 쓸 때, 봉투에 부모의 이름을 쓰는 경우가 많다. 이것은 큰 잘못이다. 부모의 함자(銜字)를 함부로 쓰면 안 된다. 이런 경우에는 자식 본인의 이름을 쓰고 '본집'이라고 쓰면 될 것 같다. 예를 들면 '주소를 쓰고 ○○○ 본집에'라고 쓰면 되지 않을까 싶다.

요즘 편지 쓰는 사람이 얼마나 될까? 폰으로 간단하게 앞뒤 없는 전차 모양으로 문자 보내는 게 다인 것 같다.

한집에서 생활해도 문자로 주고받는 얄궂은 그런 시대에 우린 살고 있다. 어른들은 그냥 눈만 멀뚱멀뚱한다. 그렇지 않아도 멀리 서울이나 어디에서 걸려온 전화를 아버지가 받으면 안부 인사는커녕 "엄마 좀 바까 주이소."이다. 엄마하고만 통화하는 시대다.

"용건이 뭐겠노? '엠오엔이와이(money)'지 뭐." 아버지는 '꾸어다 놓은 보릿자루'처럼 뒷방 신세가 된 지 오래다. 요즘 가족관계가 핵폭탄을 맞은 듯 점점 해롱해롱거린다.

둘째 이바구 자루, 혼인 잔치나 상가에 갈 때는 축의금(祝儀金) 또는 부의금(賻儀金)을 가지고 가는 것이 일반적이다. 이때 봉투에 돈만 넣고 단자(單子)를 쓰지 않는 경우가 있다. 그러나 단자에 축하의 말, 위로의 말과 금액·날짜·이름을 정성스럽게 쓰고 축의금이나 부의금을 넣는 것이 바람직하지 않을까. 받는 쪽에서 누가 얼마를 보낸 것인지를 확인하는 데도 도움이 될 것이다. 만약 물품을 보낼 경우는 물품명을 쓰고 수량도 함께 써야 되지 않을까 싶다.

축의(祝儀)나 부의(賻儀) 시 금품(金品)을 보낼 때는 거래(去來)의 뜻도 아니고 영수증도 아니다. 그러므로 금품이니까 '금(金)'이라고만 쓰고 '정(整)'도 쓰지 않는다. (예를 들면 '축의금 또는 부의금 오 만원'으로 쓴다.)

혼례에 권장할 만한 수례 용어를 살펴보면 신랑 쪽이나 신부 쪽을 가리지 말고 공통으로 쓸 수 있는 혼례의 수례 용어는 경하혼인(慶賀婚姻)·축혼인(祝婚姻)·축의(祝儀)·하의(賀儀) 등이 좋을 것 같다.

그러나 부조하는 대다수가 신랑 측 부조 봉투는 축 결혼(祝結婚)이라 쓰고, 신부 측 부조 봉투에는 축 화혼(祝華婚)이라 써야 한다고 알고 있는 경우가 있는데, 이는 잘못된 것이니 신랑·신부 측을 가리지 말고 공통으로 쓸 수 있는 수례 용어를 사용하였으면 좋겠다.

상례 시(時), 봉투에 권장할 만한 부의용어(賻儀用語)를 살펴보면 삼우(三虞) 전(前)이면 돈 부조는 부의(賻儀)·조의(弔儀), 조화(弔花)에는 근조(謹弔)라고 쓴다. 삼우(三虞: 초우(初虞), 재우(再虞), 삼우(三虞)) 후(後)에는 향촉대(香燭代)라 쓰고 탈상·소상·대상에는 전의(奠儀)로 쓰는 것이 가장 무난하지 않을까 싶다.

상가의 대문 위나 점포 위에 조등(弔燈)을 달고 '기중(忌中)' 또는 '상중(喪中)'이라고 표시한다. '기중(忌中)'은 부모상을 표시하는 것이니 고인이 손아랫사람일 때 쓰면 망발(妄發)이 된다. '상중(喪中)'이라고 표시하는 것이 수상수하(手上手下)를 막론하고 적당한 발상(發喪)의 표시다. 병원에서 사망하였을 때는 발상은 생략한다.

'코로나'라는 얄궂은 바이러스가 사람들을 울리기도 하고 웃게도 하였다. 음식점은 울고, 마스크, 키트, 식염수, 타이레놀 업은 웃었다. 코로나에 걸린 노인은 가족을 뒤로한 채 마지막 수의복(襚衣服) 한 벌도 입지 못하고 1,000도가 넘는 고온(高溫)으로 떠나야만 했다.

혼례나 장례는 정보화 물결을 타고 모바일 청첩장이나 부고장은 호황을 누리고 있다. 걸림 없이 등재된 전화번호 따라 예의 없이 가슴에 파고드는 얄궂은 유행이 세상을 더 메마르게 한다.

코로나에게 차비를 두둑이 주어 자기 집으로 보내고 소박한 우리 고유의 문화가 새록새록 새로이 피어나기를 기대해 본다.

* 伏(엎드릴 복) : 사람(亻, 사람인 변) 옆에 개(犬, 개 견)가 엎드려 사람에게 복종한다.
* 件(사건 건) : 사람(亻, 사람인 변)이 소(牛, 소 우)한테 받혀 죽었으니 사건이다.
* 合(합할 합) : 사람(人, 사람 인)들이 하나(一, 한 일)같이 입(口, 입 구)을 합한다.

가장 무거운 죄가 불효(不孝)다

효(孝)는 부모에 대한 사랑과 함께 대가(代價)를 바라지 않는 순수한 애정에서 자연적으로 우러나오는 천륜(天倫)이며 내면적인 자연 발생이다.

나를 낳고, 나를 기르고, 나를 가르치시는 데 정성을 다하신 부모님의 은혜는 이 세상 어떤 것에도 비교할 수가 없다.

효경(孝經)에 첫째 효는 종족 보전이라는 생물학적 의미를 지니는 것이다. '사람의 신체와 머리털과 피부는 모두 부모에게서 받은 것이니 감히 훼손하지 않는 것이 효의 시작'이라고 하였다. 나의 몸은 부모로부터 물려받았기 때문에 자자손손(子子孫孫) 대를 이어 조상으로부터 물려받은 문화와 문명을 후대에 잇게 해야 한다. 대(代)를 잇지 못하고 단절하는 것은 조상에 대한 최대의 불효(不孝)가 되는 것이라 한다. 그러므로 죄 중에서 가장 무거운 죄가 불효(不孝)라고 하였다. 요즈음 젊은 사람들은 혼인을 하고 자식을 낳아 대를 잇게 하는 것이 효라는 것을 꼭 알아야 되지 않을까 한다. 요즘 혼인은 주례(主禮) 없이 장난처럼 혼례를 올리고 부부관계의 소중함도 모르고 장난으로 끝나는 경우가 많은 것은 효의 참뜻을 모르는 것이 아닐까.

둘째로 효(孝)는 가치적·문화적 의미를 갖는 것이다. '자신의 인격을 올바르게 세우고 도리에 맞는 행동을 하여 후세에 이름을 날려 부모님의 명예를 빛나게 하는 것이 효의 끝이다.'라고 하였다. 후손들은 훌륭한 일을 하여 그 이름을 세상에 떨쳐 가문(家門)의 명예를 빛나게 하는 것이 보다 더 큰 효행(孝行)이 아닐까. 요즘 젊은이들은 자기는 하늘에서 그냥 뚝 떨어진 걸로 착각 속에 살고 있는 것 같다. 부모를 존경하고 가문(家門)을 빛낼 수 있는 인격의 소유자가 되었을 때 가정이 화목하고 행복하지 않을까 싶다.

'짐승만도 못한 사람'이라는 말이 세상에 돌아다닌다.

부끄럽고 무서운 말이다. 사람보다 나은 짐승을 만나볼까?

하늘을 나는 까마귀를 만나볼까. 까마귀는 반포(反哺)할 줄 아는 새라는 뜻에서 반포조(反哺鳥)라 일컫는다. 반포지효(反哺之孝) 즉 '까마귀 새끼가 자란 뒤에 늙은 어미에게 먹이를 물어다 주는 효성(孝誠)'이라는 뜻으로, 자식이 자라서 어버이의 은혜에 보답하는 효성을 말한다. 청소년 여러분은 부모님의 은혜에 보답하고 있는가요?

산에 사는 늑대를 또 만나 보자. 늑대 부부는 알콩달콩 사랑하며 새끼와 함께 살고 있단다. 늑대는 한평생 한 마리의 암컷만을 사랑한단다. 그러다가 암컷이 먼저 죽으면 가장 높은 곳에서 울며 슬픔을 토(吐)한단다. 자신의 아내(암컷)와 새끼를 위해 목숨까지 바쳐 싸우는 유일한 포유동물(哺乳動物)이다. 수컷은 암컷이 일찍 죽으면 어린 새끼를 홀로 돌보다가 새끼가 성장하여 떠나고 나면 암컷이 죽었던 곳에 가서 자신도 굶어 죽는단다. 수컷은 사냥을 하면 암컷과 새끼에게 먼저 음식을 양보하고, 자신은 가족의 안전을 위해 주위를 살피며 경계를 늦추지 않고 망을 보다가 온 가족이 다 먹고 난 후에야 먹는다고 한다. 늑대는 제일 약한 상대가 아닌 제일 강한 상대를 선택해 사냥한단다. 새끼 늑대들은 독립한 후에도 종종 먹이를 갖고 부모를 찾아와 문안 인사를 하는 동물이라고 한다. 늑대는 사람이 먼저 그들을 괴롭히지 않는 한 절대 먼저 공격하지 않는 동물이란다. 늑대의 삶에서 사람이 배워야 할 게 많은 것 같다. 짐승만도 못한 사람이라는 말 안 듣도록 노력해야 되지 않을까.

옛말에 "풍수지탄(風樹之歎) 자욕양이친부대(子欲養而親不待)"라는 말이 있는데 "나무는 고요하고자 하나 바람이 멎지 않고, 자식이 부모에게 봉양하고자 하나 부모는 기다려 주지 않는다."라는 뜻이다. 효도를 다하지 못한 채 부모를 잃은 자식의 슬픔을 가리키는 말로 부모가 살아 계실 때 최선을 다해 효도를 잘하라는 뜻이 아닐까.

공자께서는 효(孝)란 부모를 물질적으로 봉양하는 것이 아니라 진심으로 정성을 다해 존경(尊敬)하는 것이라고 말씀하셨다. 요즘 사회에서 가족 문제가 많이 발생한다는 뉴스를 볼 수 있다. 재산이 없으면 자식들에게 버려지는 부모님들도 계시고 요양원이나 양로원에 방치하고 얼굴도 잘 보러 오지도 않는다고 한다. 이러하니 효에 대한 인식 개선이 필요하지 않을까 싶다. 부모님의 은혜에 진심이 담긴 마음으로 존경하고 감사한 마음으로 섬긴다면 복을 받을 것이고 사람이 사람답게 사는 것이 아닐까 싶다.

* 仙(신선 선) : 사람(亻, 사람 인)이 산(山, 뫼 산)에서 도를 닦으면 신선이 된다.
  선녀(仙女), 선경(仙境), 신선(神仙)
* 吉(좋은 길, 길할 길) : 선비(士,선비 사)가 입(口, 입 구)으로 말하는 것은 다 좋은 말이다. 길흉(吉凶), 길사(吉事), 길일(吉日)
* 姑(시어머니 고) : 여자(女, 여자 여)가 오래(古, 오랠 고)되면 시어머니가 된다.
  고부(姑婦), 고모(姑母), 고종(姑從), 구고(舅姑 : 시아버지와 시어머니)

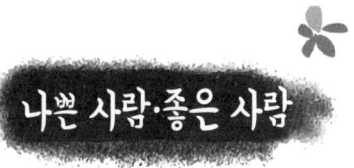
나쁜 사람·좋은 사람

 세상에는 나쁜 것도 많고, 좋은 것도 많다. 좋은 사람도 많고, 나쁜 사람도 많다. 흉보는 사람도 많고, 칭찬하는 사람도 많다. 한쪽으로 치우치다 보면 넘어진다고 쌍방이 있는 것이 아닐까? 나쁜 일은 아무리 작더라도 해서는 안 되고, 착한일은 아무리 작더라도 행해야 한다는 것을 사람이 살아가면서 꼭 명심해야 할 것이다.

 나쁜 사람은 '나뿐이다'라고 생각하는 사람이다. 자기만 생각하고 남을 생각하지 않는 사람은 나쁜 사람이 될 수밖에 없다. 내 편한 대로 먹고 쓰레기를 아무 데나 버리고 남을 괴롭히고 피해를 주는 자, 공중도덕을 지키지 않는 자, 남과 더불어 함께하지 않는 자, 됨됨이·성질이 좋지 않는 자, 마음이나 하는 짓이 착하지 않는 자 등은 나쁜 사람이 아닐까. 나쁜 일은 작더라도 해서는 안 된다는 것을 꼭 명심해야 되지 않을까.

좋은 사람은 남을 먼저 생각하는 사람이 아닐까. 남과 함께 조화롭게 더불어 함께하는 사람은 착한 사람이다. '아조타 아조아(我助他 我助我)'라는 재미나는 말은 "내가 남을 돕는 것은 곧 내가 나를 돕는 것이다."라는 말이다. 항상 나보다 남을 먼저 생각하며 배려하고 양보하고 예의를 지키는 청소년이 되었을 때 우리나라는 세계 속에 우뚝 선 그런 나라가 되지 않을까? 예의 바른 청소년이 미래에 성공하는 사람이 될 것이다. 예의 바른 나라가 세계최강국이 된다고 하였던가? 미래의 희망인 청소년들이여! 우리 열심히 사람답게 살아 봅시다.

[무 시비지심 비인야(無 是非之心 非人也)]라는 말이 있다. 즉 '옳고 그름을 가릴 줄 아는 마음이 없으면 사람이 아니다'라고 되어 있다. 사람이 살아가면서 옳고 그른 것을 판단하는 마음이 참 중요할뿐더러 그것을 실천하는 것이 더 중요하지 않을까. 모든 일에는 먼저 해야 할 일과 나중에 해야 할 일이 있다. 그리고 큰일과 작은 일, 옳은 일과 잘못된 일이 있으며, 중요한 일과 하찮은 일도 있

다. 이런 일들을 지혜롭게 슬기롭게 바로 판단하는 것만큼 중요한 일은 없지 않을까 싶다.

옳은 판단을 하였을 경우에는 옳은 행동이 생기고, 옳은 행동에서는 옳은 결과가 나올 것이다. 잘못된 판단에서는 잘못된 행동이 나올 것이고, 잘못된 행동에서는 잘못된 결과가 나올 것이다. 그러므로 여러 가지 문제에 대하여 올바른 판단이 참 중요하다. 행복과 성공은 지혜로움에서 올 것이고, 실패와 불행은 무지(無智)에서 오지 않을까. 미래의 주인공인 우리 청소년들이여! 열심히 지혜롭게 배우고 익혀 행복한 미래의 삶을 펼쳐나갑시다.

명심보감(明心寶鑑) 계선편(繼善篇)에 "착한 일이 작다고 해서 아니 하지 말고, 나쁜 일은 작더라도 하지 말라(勿以善小而不爲하고 勿以惡小而爲之)."라는 말이 있다. 남이 좋은 것을 갖고 있으면 그 물건이 갖고 싶을 때도 있을 것이다. 옛말에 '바늘 도둑이 소 도둑 된다.'라는 말이 있다. 어릴 때부터 값싼 물건을 훔치다 보면 어른이 된 후에는 습관이 되어 큰 도둑으로 변할 수 있다는 말이다. 나쁜 일은 아무리 작더라도 절대로 해서는 안 된다는 것을 알아야 할 것이고, 착하고 좋은 일은 아무리 작더라도 꼭 행해야 한다는 것을 명심해야 할 것이다.

"착한 일을 하는 사람에게는 하늘이 복을 주시고, 악한 일을 하는 사람에게는 하늘이 재앙을 주느니라."고 공자님이 말씀하셨다.

* 好(좋을 호) : 여자(엄마)(女, 여자 여)가 아들(子, 아들 자)을 안고 좋아한다. 호감(好感), 호의호식(好衣好食), 호황(好況), 우호(友好), 애호(愛好).
* 臭(냄새 취) : 코(自, 코 자, 스스로 자)로 개(犬, 개 견)가 냄새를 맡는다. 취기(臭氣), 악취(惡臭), 체취(體臭), 유취(乳臭).
* 想(생각할 상) : 서로(相, 서로 상) 마음속(心, 마음 심)으로 생각한다. 상기(想起), 상상(想像), 가상(假像), 상념(想念), 회상(回想).

무딘 몽당연필이 좋은 머리보다 낫다

 메모를 잘하는 사람은 미래에 성공하는 사람이 된다. 날마다 배우고 익히고 실천해야 하는 데는 메모보다 더 좋은 습관이 있을까?

 한문(漢文)에 총명불여둔필(聰明不如鈍筆: 총명한 머리가 둔한 연필만 못하다.)이라는 명언이 있다. 아무리 기억력이 좋다 하더라도 그때그때 무딘 연필로 적어 두는 것만 못하다는 말이다. 메모를 하면 가장 정확한 거다.

 우리는 열심히 메모를 해야 한다. 우리의 두뇌를 믿을 수 없기 때문이다. 메모하는 습관이 자신을 위하고 남을 위하고 우리 모두를 위하는 길이다. 인사를 나눌 때도 이름 석 자, 전화번호, 또 약속을 할 때 시간과 장소, 그날그날의 계획과 참고가 될 만한 중요한 사항, 주옥(珠玉) 같은 강의를 들을 때, 수업 시간에 선생님의 보석 같은 말씀을 들을 때, 오다가 가다가 만나는 명언들 등등의 정도는 메모장에 기록할 여유가 있어야 되지 않을까. 필기도구는 나의 몸 그림자처럼 꼭 갖고 다녀야 할 필수품이 아닐까 싶다.

메모를 잘하는 사람은 생각이 치밀하고 세밀하며 찬찬한 성격의 소유자다. 면밀한 계획을 세워도 차질이 생길 수도 있지 않을까?

책임감이 강한 사람은 메모를 부지런히 한다. 무슨 일을 하든 정확하고 신속하게 빈틈없이 책임감 있게 하는 편이다. 우리나라 사람으로서 메모를 잘하기로 유명한 두 분이 있다. 한 분은 박정희 대통령이시고, 한 분은 삼성그룹 창립자 이병철 회장이시다. 이병철 회장의 별명은 직원들이 메모광이라고 하였단다. 세계에서 메모 잘하는 나라는 일본이란다.

자기 성숙에 강한 의욕을 가진 사람은 매사에 메모를 잘한다. 우리 학생들은 열심히 배우고자 하는 의욕이 있어야 한다. 일일학 일일신(日日學 日日新)이라는 명언이 있다. '날마다 배우면 날마다 새로워진다.'는 말이다. 메모하면서 열심히 배워야 되지 않을까?

미국의 16대 대통령 에이브러햄 링컨은 집이 가난하여 초등학교 1학년밖에 못 다녔다고 한다. 그는 좌우명(座右銘)을 실천하면서 누구한테서나 배웠다고 한다. 그의 좌우명은 "만나는 사람마다 교육의 기회로 삼아라." "평생학습인(平生學習人)이 되어라." 부지런히 메모를 할 때 지식이 쌓이고 인격이 풍부해진다고 하였다. 열심히 메모하는 것만큼 중요한 것이 있을까?

우리 청소년들은 평소에 메모하는 습관이 몸에 배도록 하자. 필기도구를 항상 갖고 다니면서 부지런히 메모를 할 때 미래에 성공하는 사람이 되지 않을까 싶다.

* 林(수풀 림) : 나무(木, 나무 목)와 나무(木, 나무 목)가 서 있는 수풀. 임야(林野), 임업(林業), 밀림(密林), 산림(山林).
* 汆(뜰 탄) : 사람(人, 사람 인)이 물(水, 물 수) 위에 떠 있으니 뜰 탄 자이다.
* 氽(빠질 익) : 물(水, 물 수)에 사람(人, 사람 인)이 빠졌으니 빠질 익 자이다.

溺(빠질 닉, 오줌 뇨) : 물(氵, 물 수)에 몸이 약(弱, 약할 약)해 (헤엄을 치지 못하다) 빠지다. 익사(溺死), 요기(溺器, 尿器, 요강).

귀 빠진 날 미역국은 누가 먹어야 할까

 귀 빠진 날이 뭘까? 뱃속의 아이가 세상 구경하러 나올 때는 머리부터 먼저 나온다. 이때 귀가 빠져 나올 때 산모의 고통은 아이를 안 낳아 본 사람은 그 고통을 모른다고 하였다.

 옛날에는 산부인과 병원도 제대로 없던 시절이다. 시골 집에서 순산하기란 참 고통스러웠다. 일손이 부족한 그 시절 엄마는 아기를 낳기 전까지 일을 하셨다. 어쩌다가 미처 집에 오기 전 길에서 아기를 낳을 수도 있다. 길에서 아기를 낳으면 길에서 낳았다고 '길이'라고 이름을 짓기도 하였다. 엄마는 강하신 분이다. 이웃에서 한두 분 아주머니가 오실 때도 있다. 낫도 갖고 들어간다. 탯줄을 끊기 위해서다. 태아(胎兒)는 머리가 어깨 너비보다 크다고 한다. 일단 태아의 귀가 보이는 게 중요했다. 귀만 빠져나오면 몸통과 다리는 순조롭게 따라 나오니 출산은 다 한 거나 다름없다고 한다. 그래서 '귀 빠진 날'이라고 한단다. 생일은 엄마가 가장 고생을 한 날이니 엄마가 잘 자셔야 되지 않을까 싶다.

귀는 귀퉁이에 붙어있다고 '귀'라 한단다. 사람이 잘났다고 말할 때 이목구비(耳目口鼻)가 반듯하다고 한다. 왜 귀[耳, 이]를 앞세워 말할까? 그건 그만큼 귀가 소중한 의미가 있기 때문에 맨 앞에 간 거라고 한단다. 늘 남과 세상에 귀를 기울이며 살아야 한다는 뜻이라고 한다. 말은 하고 싶은 대로 할 수 있지만, 듣는 것은 가려들을 수는 없다. 듣는 것은 그래서 신의 뜻[神意, 신의]이라고 한다. 귀가 가려울 때 '누가 내 말 하나'라고 표현한다. 입은 하나인데 눈과 귀가 두 개인 건, 말하는 것보다 듣고 보는 것을 두 배 하라는 뜻이 아닐까?

출산(出産) 후 미역국을 잘 먹어야 산모 젖이 쾰쾰 나온다고 젖 풍년이라 했다. 먹지 않으면 아이는 젖배를 곯는 흉년이 된다. 그 옛날 먹을 게 없었던 시절에는 산모의 젖이 부족해 아이에게는 젖배를 곯는 경우가 많았다.

근세에 와서는 산부인과에서도 삼시 세끼 미역국이 나온다. 조리원에서 퇴원해 집에 오면 친정엄마가 어마어마한 들통에 미역국을 끓여놓고 기다리고 계셨다. 집사람의 말을 빌리면 '이 정도 안 먹으면 젖이 나오지 않으니 먹기 힘들어도 다 먹으라'며 큰 그릇에 가득 퍼 주셨다. 아이를 낳고 먹는 미역국은 맛이 있다고 했다. 아이를 낳고 키우면서 제일 맛나게 먹는 음식은 미역국이 아닐까? 고기와 미역을 충분히 넣고 오래오래 우려 진하게 끓였을 때 엄마의 손맛이 베어 나오는 것도 알았다. 온 힘을 다해 이 세상 구경을 시켜준 우리 엄마와 아버지에게 내 '귀 빠진 날' 진한 미역국을 끓여 꼭 대접해야겠다.

그런데 '귀 빠진 날' 우리 엄마가 가장 고생한 날인데 왜 생일 축하 잔치는 우리끼리만 하는지 참 시근이 없는 것 같다. 혼인 후 내 생일에 부모님을 생각한 적이 있었던가. 일찍 깨닫지 못한 것을 부끄러워하며 지금이라도 늦지 않았으니 대접해야지 하는 마음을 다져본다. 그것이 효도가 아닐까 싶다.

귀 빠진 날 미역국은 누가 먹어야 할까? 엄마가 잡수셔야 한다. 효심으로 부모님께 정성이 가득 담긴 미역국을 끓여 드려야 한다. 젊은이들이여 부모님의 은혜에 자식으로서 한평생 보답해야 하는 마음 잊어서는 안 될 것이다.

* 畓(논 답): 물(水, 물 수)이 있는 밭(田, 밭 전)이니 논이다. 전답(田畓), 문전옥답(門前沃畓), 답곡(畓穀).
* 枯(마를 고): 나무(木, 나무 목)가 오래(古, 오랠 고)되니 마른다. 고사(枯死), 고갈(枯渴), 고목생화(枯木生花).
* 念(생각 념): 이제(今, 이제 금) 마음(心, 마음 심)속으로 앞날을 생각한다. 염두(念頭), 염불(念佛), 염려(念慮), 염원(念願), 신념(信念), 집념(執念).

책임 없는 '때찌때찌' 교육

어린아이가 신나게 혼자 뛰어놀다 그만 비렁빡(벽)에 머리가 꽝하고 부딪쳐 울고불고 난리가 났다. 엄마는 부엌에 일하다 아이의 죽는 소리에 놀라 허둥지둥 뛰어 들어왔다. 벽을 가리키며 엉엉 울면서 다가온 아이는 다친 데가 없었다. 어리광을 부렸다. 엄마는 비렁빡에다 "때찌때찌 나쁜 비렁빡! 우리 아이를 왜 아프게 했노." 하며 가만히 있는 벽을 나무랐다. 아이는 그만 울음을 뚝 그쳤다. 아이한테 교육을 잘 시킨 걸까, 아닐까?

아이가 부딪친 것은 조심하지 않았기 때문이다. 방바닥이나 벽, 가재도구, 땅바닥 등에서 넘어지거나 부딪친 경우 심하게 다치지 않았다면 스스로 일어나게 해야 한다. 그리고 다음부터는 잘 보고 걷고 조심해서 다녀야 한다고 주의를 주는 게 맞지 않을까? 그렇게 해야만 아이의 책임감이 커지고 자기가 한 일에 책임을 지는 당당한 아이로 씩씩하게 강하게 자라지 않을까 싶다.

매사에 아이가 조심성 없는 행동으로 생긴 일들을 아이 기분에 맞추다 보면 책임을 다른 곳으로 돌리게 된다. 책임 없는 교육은 아이를 나약하게 만드는 꼴이 되지 않을까 싶다.

자기가 한 일에 책임을 질 수 있어야 한다. 한때는 주민들이 다니는 데 편리하게끔 교량(다리)을 하나 놓았다. 윗사람부터 내려오다 보면 다리를 놓은 사람이 왜 그렇게도 많을까? 싶다. 다리는 하나뿐인데… 어쩌다가 수해(水害)로 다리가 떨어졌다. 그에 대해 책임질 사람은 한 명도 나타나지 않는다. 힘없고 나약한 사람이 그 무거운 짐을 짊어지게 된다.

무슨 문제가 발생할 때마다 '누구 때문에', '무엇 때문에' 라는 식으로 책임 소재를 애매하게 돌리면 아이에게는 좋은 인성을 가질 수 없게 되지 않을까. 아이가 스스로 조심하지 않아서 생겼으니 앞으로 조심조심해야 한다고 일러 주어야 할 것이다.

자기 자신이 한 일에 책임지는 교육이 어릴 때부터 필요하다. 남의 탓으로 돌리는 추잡(醜雜: 말과 행실이 지저분하고 잡스러움)한 언행은 하지 말아야겠다.

부모님들은 눈에 넣어도 아프지 않은 사랑스러운 내 자식을 예쁜 만큼 엄하게 인성교육을 가르쳐야 한다. 때찌때찌 교육은 자기가 한 일에 책임지지 않는 교육이 될 수도 있다. 아이들은 자신의 실수를 통해 스스로 많은 것을 배울 수 있어야 한다. 스스로 책임지고 올바른 행동으로 바르게 자랐으면 한다. 청소년들이여! 올바른 인성교육 속에 사람 사는 행복한 나라, 세계 속에 우뚝 선 대한민국을 만들어 보세!

* 屎(똥 시): 죽은(尸, 죽음 시) 쌀(米, 쌀 미)이니 똥이다. 시뇨(屎尿 똥과 오줌).
* 尿(오줌 뇨): 죽은(尸, 죽음 시) 물(水, 물 수)이니 오줌이다. 요도(尿道), 배뇨(排尿), 분뇨(糞尿, 똥과 오줌).
* 糞(똥 분) : 쌀(米, 쌀 미) 먹은 게 다르게(異, 다를 이) 변하니 똥이다. 분뇨(糞尿).
* 居(살 거): 지붕(尸, 지붕 시) 밑에서 오래(古, 오랠 고) 살 거다. 거주(居住).

남을 미워하지 말자

내가 남을 미워하면 남도 나를 미워한다. 남을 미워하는 것은 사람을 잃고 행복도 잃는 것이다. 남을 좋아하고 칭찬하고 허물을 덮어 주는 것은 사람을 얻는 것이고 행복도 얻는 것이 아닐까?

'미운 자식 밥 많이 먹인다.'라는 속담이 있다. 미운 사람일수록 더 친절히 하고 생각하는 체라도 하여야 상대편의 감정을 상하지 않게 하고 후환(後患)도 없다는 뜻이 된다. 될수록 넓은 아량(雅量)을 갖고 남의 잘못을 덮어주는 포용(包容)하는 사람이 되었으면 한다. 죄는 미워하더라도 사람은 미워하지 말았으면 한다.

사람과의 관계를 원만하게 하는 것은 어렵겠지만 그래도 노력은 해야 될 것이다. 서로 약점은 도와주고, 부족한 것은 채워주고, 허물은 덮어주고, 비밀은 지켜주고, 실수는 감춰주고, 좋은 점은 칭찬해 주고, 능력은 서로 인정해 주는 그런 관계가 되어야 할 것이다. 우리는 사람 관계를 통해 삶을 배우고 나 자신을 닦아야 하지 않을까 싶다.

남을 미워하는 마음이나 욕심은, 남의 것처럼 바라볼 수 있으면 좋지 않을까. 욕심을 부리는 마음보다 나의 것을 주고 싶은 마음이 앞서면 더욱 좋을 것이다. 부정적인 감정(感情)이나 미워하는 생각을 갖고 살아간다면 그에 대한 피해자는 바로 나 자신이 될 것이다. 하루하루를 부정적인 감정으로 살아가면 나의 삶에 얼룩이 지지 않을까?

미워하는 마음도 내 마음이고, 좋아하는 마음도 내 마음이지만 남을 미워하는 마음보다 좋아하는 마음이 더 아름답고 삶의 향기가 나지 않을까. 남을 미워하고 싸워봤자 상처 난 흔적만 훈장처럼 달고 삶을 살아가야 할 텐데, 모든 원망은 지워버리고 감사한 마음으로 살아간다면 나의 삶이 행복해질 것이다. 남의 얼굴을 꽃으로 보면 나의 얼굴이 예쁜 꼽상이 될 것이고, 남의 얼굴을 가시로 보면 나의 얼굴은 주뼛주뼛 밉상이 될 것이다.

사람이 살아가면서 겪는 일은 대부분 사소한 일에서 불평불만으로 남을 미워하는 마음의 싹이 튼다. 화낼 필요도 없고, 짜증 낼 필요도 없고 그냥 그러려니 하고 긍정적인 생각으로 넘어가면 좋으련만 그렇게 잘 안 되는 게 사람의 마음이 아닐까 싶다. 어지간하면 하하 호호 웃고 넘어가는 생각을 가지면 남을 미워할 게 없지 않을까 생각해 본다. 좀 더 너그러워지는 마음으로 나 자신을 잘 다스려보도록 노력해 보았으면 한다. 나 자신이 변하자. 남을 미워하지 말자.

* 恨(원한 한): 마음(忄, 마음 심) 속에 상한 마음이 머물러(艮, 머무를 간) 있으면 원한이 된다. 한탄(恨歎), 여한(餘恨), 원한(怨恨).
* 退(물러날 퇴): 머물러(艮, 머무를 간) 서 있다가 뛰어(辶, 뛸 착, 책받침) 물러난다. 퇴보(退步), 퇴각(退却), 퇴진(退陣), 퇴치(退治), 후퇴(後退), 사퇴(辭退).
* 眼(눈 안): 눈(目, 눈 목)에 머물러(艮, 머무를 간) 있는 안경. 안경(眼鏡), 안목(眼目), 안구(眼球), 안질(眼疾), 안하무인(眼下無人).
* 不(아니 불, 아니 부): 아니 불, 못할 불, 없을 불로 읽는데. 불가(不可), 불찰(不察), 불야성(不夜城), 불가분(不可分).
* 뒤에 오는 글자의 첫 소리가 'ㄷ·ㅈ'이면 '부'로 읽어야 한다.
  부당(不當), 부진(不振), 부지불식간(不知不識間), 부족(不足), 부정선거(不正選擧).

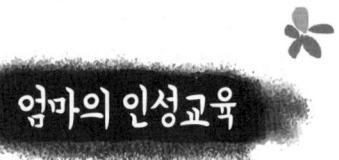
엄마의 인성교육

 예전 미국 마이애미 롱비치 법정에서 있었던 실화 한 토막을 소개합니다.

 남편 없이 홀로 두 아들을 키워가면서 정성을 다해 교회를 섬기며 살아가는 중년 미국 여성분이 있었습니다.

 어느 날 아들 형제가 절벽이 낀 산속에서 죽창을 던지며 전쟁놀이를 하고 있었습니다. 그때 그 지역의 유명한 인사가 말을 타고 그곳을 산책하다가 하필 아들 형제가 던진 죽창이 말의 눈에 적중하였고, 놀란 말이 펄쩍펄쩍 뛰는 바람에 말과 저명인사가 그만 낭떠러지에 떨어져 죽는 사고가 발생하였습니다. 말에서 떨어져 죽은 인사도 문제인데 그 말의 가격도 자그마치 1,000만 불이 넘는 세계에서 몇 마리밖에 없는 엄청 비싼 명마(名馬)였습니다.

두 아들이 재판을 받게 됩니다. 판사가 형제들에게 누구의 죽창이 말의 눈을 찔렀느냐고 묻습니다. 이를 두고 형제는 자기가 쏜 죽창이 말의 눈을 찔렀다고 주장했습니다. 서로 자기가 범인이라고 자청합니다. 판사가 마음씨가 아름답고, 형제의 우애가 남다르기에 형제의 어머니를 재판정에 불러 세우고

"부인, 한 아들만 사형에 처하면 되는데 형제가 서로 자기 죽창이 말의 눈을 찔렀다고 주장하니 부인이 한 아들을 정하도록 하십시오."

한참 침묵을 지키더니, 기도가 끝난 부인이 하는 말은

"작은아들을 사형에 처해 주십시오."

판사가 "왜 작은아들입니까?"

"판사님 큰아들은 전처의 소생이고, 작은아들은 제가 낳은 아들이기 때문입니다."

"아니 부인, 자기 몸으로 낳은 아들이 더 귀하니 살려야 하지 않겠습니까?"

"판사님 옳은 말씀입니다. 제 몸으로 낳은 아들이 더 귀하지요. 그러나 저는 그리스도인이고 하나님의 자녀로서 교회에서 배우고 익힌 나의 삶은 오직 하나님의 영광을

위해 사는 삶입니다. 그런데 제가 큰아들을 죽게 한다면, 하나님께 영광이 되지 않기 때문입니다."

장내가 숙연해지고, 재판정이 쥐 죽은 듯 고요 속에 묻혀 있을 때 방청객들은 물론 부인의 말에 감동받은 판사가 근엄한 음성으로

"부인, 지금까지 30년 넘게 재판해 오면서 오늘과 같이 인간애로 감동받기는 처음입니다."

두 아들도 또 어머니도 미국 사회를 아름답게 선도할 모범적 가족이라고 판단한 판사는 힘주어 판결문을 낭독합니다.

"내가 판사의 권한으로 두 아들을 무죄로 석방한다."

오늘날 미국이라는 나라가 비록 많은 과오와 실수를 범하기도 하지만 세계를 이끌어 갈 수 있는 원동력이 여기에 있는 것 같습니다.

두 아들의 아름답고 기특한 정신, 또 숭고한 신앙생활을 바탕으로 전처의 아들과 친자식을 함께 키우며 두 아들이 서로가 자기가 범인이라고 주장하게끔 한 엄마의 인성교육, 인간성을 바로 세우도록 가정에서 교육한 어머니의 숭고한 모습이 오늘의 미국이라는 나라를 대변하고 있는 듯합니다. (받은 글)

예의 바른 옷차림

'옷이 날개라'는 속담이 있다. 얼굴이 못생겨도 옷을 단정하게 입으면 아름다워 보이고 예절 바른 사람으로 보인다. 명심보감에 '문밖을 나설 때에는 큰 손님을 만나는 것같이 해야 하고, 방 안으로 들어설 때에는 방에 사람이 있는 것같이 해야 한다.(出門如見大賓 출문여견대빈, 入室如有人 입실여유인)'라고 하였다. 자신의 옷차림을 되돌아보고 학생 신분이면 학생답게 하고, 성인이면 성인답게 옷차림을 하도록 하는 게 바른 옷차림이 아닐까.

우리 엄마는 우리들이 클 때 "너거 아버지는 일할 때는 일꾼이고, 볼일 보러 나가실 때는 선비다."라고 하셨다. "너희들도 커서는 복장을 단정하게 해야 한다."고 강조하셨다. 그래서 나는 항상 복장을 단정하게 하고 다닌다. 자랑 같지만 우리 아이들도(아들딸 손자·손녀) 흐트러진 모습을 볼 수 없을 정도다. 바른 옷차림으로 그 사람의 내면을 평가할 수 있지 않을까 본다.

어떤 사람들은 늙어가는 게 한스러운지 젊은이처럼 복장을 하고 다니는 분들을 가끔 볼 수 있다. 나 자신이 봄[春] 사람인지 가을[秋] 사람인지를 알고 옷을 차려입어야 되지 않을까? 가을 사람이 봄옷을 입는다고 봄 사람이 될 수 있을까?

요즘 사람들은 학생이나 어른이나 자기 편한 대로 사는 것 같다. 조금도 남을 의식하는 자세가 되어 있지 않는 것 같다. 아침에 우리 집 앞 흡연 장소에서 잠옷인지 뭔지 모르는 옷을 입고 몸에 해로운 담배를 피며 박신박신 연기를 뿜어댄다. 연세 드신 어른 분이 지나간들 눈곱만큼의 예(禮)도 지키지 않는다. 내 눈이 나쁘다는 핑계 삼아 보지 않는 게 스트레스도 안 받고 편안한 것 같다.

우리 학생들은 단정하게 교복을 입고 등하교(登下校)하는 모습이 참 보기 좋다. 학생 신분으로서 옷차림이 바르지 않으면 단정해 보이지 않아 선입견(先入見)을 갖고 대할 수도 있다.

'입은 거지는 얻어먹어도 벗은 거지는 못 얻어먹는다.'라는 속담처럼 깨끗하고 바른 옷차림은 자신의 건강을 위해서도 좋고, 상대방에게도 좋은 인상을 줄 수 있는 바른 행동이 아닐까. 사람이 옷차림새가 단정해야 남으로부터 대우를 받을 수 있다는 말이다.

남이 볼 때나 보지 않을 때나 단정한 옷차림을 하고 행동을 바르게 해야 되지 않을까 싶다. 옛 성현의 말씀에 '군자는 혼자 있을 때에도 행동을 삼가 조심하라(慎其獨신기독)' 하셨다. 혼자 있을 때에 방심하고 몸을 함부로 가지면 남이 있을 때에도 그 습관이 나올 수 있으니 혼자 있을 때에도 삼가 행동을 조심하라고 하였다.

어른들의 흐트러진 모습에 우리 아이들이 보고 배울 수 있으니 복장 단정하게 합시다. 우리 학생들은 학생 신분에 어울리는 단정한 옷차림을 하도록 하여 세계 속에 우뚝 선 동방예의지국(東方禮儀之國)의 불씨를 지핍시다.

* 漁(고기 잡을 어) : 물(氵, 물수 변, 삼수 변)에서 물고기(魚, 물고기 어)를 잡는다. 어촌(漁村), 어부(漁夫), 어선(漁船), 어부지리(漁父之利).
* 鮮(고울 선, 깨끗할 선, 싱싱할 선) : 물고기(魚, 물고기 어)와 양

(羊, 양 양)고기는 깨끗하고 싱싱한 것이 맛있다. 조선(朝鮮), 선명(鮮明).

* 洋(큰 바다 양, 서양 양) : 물(氵, 물 수)이 양(羊, 양 양)떼처럼 모여 있는 큰 바다. 양복(洋服), 양식(洋食), 양옥(洋屋), 대양(大洋), 서양(西洋).

우애 있는 사슴의 울음소리

 사슴은 우애(友愛), 장수(長壽), 복록(福祿)을 상징하는 동물이라고 한다. 무리를 지어 다니는 사슴은 이동(移動)할 때 머리를 높이 들어 뒤에 처지는 무리가 없는지 살피는 의리(義理) 있고 우애로운 짐승이라고 선조(先祖)들은 여겼다. 사슴은 맛있는 먹이를 발견(發見)하면 다른 배고픈 사슴들과 함께 먹기 위해 이 세상에서 가장 아름다운 울음소리로 부른단다. 옛날 선조들도 이 세상에서 가장 행복(幸福)한 소리는 '가족의 웃음소리' '아이의 책 읽는 소리' '다듬이질 소리'라고 하였다.

 수많은 동물(動物) 중에서 사슴만이 먹이를 발견하면 함께 먹자고 동료(同僚)들을 부르기 위해 크게 운다고 한다. 세상에서 가장 아름다운 울음소리가 아닐까. 보통 짐승들은 먹이를 발견하면 혼자 숨어서 먹고, 다 먹지 못하면 남은 것을 숨기기가 바쁜데, 착한 사슴은 오히려 울음소리를 높여 함께 나누어 먹자고 소리를 지른다. 우리 사람들도 사슴들의 예쁜 마음씨를 본받아야 되지 않을까 싶다. 사람들도 개중(個中)에는 배가 볼록하면서도 만족할 줄 모르고 욕심을 부리는 욕심쟁이가 더러 있다는데 자라는 아이들이 보고 배울까 봐 조금 걱정이 된다.

'콩 한 알도 나누어 먹는다.'는 속담(俗談)이 있다. 옛날 어릴 때 어려운 시절이지만 먹을 거 하나라도 나누어 먹는 인정(人情)과 우정(友情)이 있었다. 그런데 요즘 아이들은 개인주의(個人主義)다. 친구(親舊)와 같이 가다가도 가게에 들어가 과자를 한 봉지 사면 나누어 먹을 생각을 하지 않는다. 주지도 않고 침을 꼴깍꼴깍 삼키지도 않고 먹고 싶어 하지도 않는다. 살기가 너무 좋아서 그런가? 정이 메말라서 그런가?

사슴은 어질고 인자(仁慈)한 동물로 신선(神仙)이나 도인(道人)의 품성(品性)을 가진 것으로 인식(認識)이 된다. 수사슴의 입에는 항상 불로초(不老草)가 물려 있는데 이는 부부화목(夫婦和睦)을 의미한다고 한다. 사슴 무리가 평화롭게 울며 풀을 뜯는 풍경처럼, 어진 국민과 대통령이 함께 어울리고, 착한 아이들과 부모가 함께 행복한 가정을 이루며 사는 아름다운 모습이 되었으면 참 좋겠다. 우리 청소년들이 선(善)과 평화(平和), 신선의 심부름꾼인 사슴처럼 함께하는 나눔으로 아름다운 우리 사회가 되었으면 하고 기대(期待)해 본다.

* 家(집 가, 가문 가) : 집(宀, 집 면, 갓머리×)밑에 뱀을 잡아먹는 돼지(豕, 돼지 시)를 길렀다.
* 아주 옛날에는 파충류(뱀, 악어, 거북, 도롱뇽 따위)가 많았던 시절 뱀 등으로 피해를 입었다. 자고 나면 이웃 간 인사가 "밤새 무타(無它)한가."(뱀 피해는 없었는가?)였다. 뱀의 천적은 돼지다. 돼지는 뱀을 맛있게 잡아먹는다. 그래서 뱀을 잡아먹는 돼지를 집 밑에 길렀으므로 집 안에 사람이 아닌 돼지를 그려 '집'의 뜻을 나타낸 것이다. 가구(家具), 가풍(家風), 가계부(家計簿), 가가호호(家家戶戶)

남의 허물은 덮어주자

 사람들은 남의 허물을 재미 삼아 곧잘 이야기하기도 하고, 어리석은 사람은 보지도 않고 본 것처럼 말을 하여 남을 욕(辱)되게 하는 경우도 더러 있는 편이다. 이 세상에 허물없는 사람이 어디 있을까? 남의 과실(過失)을 헐뜯거나 남의 흉을 함부로 보는 것보다 남을 먼저 칭찬하고 남의 허물은 덮어 주고, 너그럽고 깊은 마음으로 베푸는 것이 결국은 나 자신의 인격을 높이는 것이 아닐까. 소용없는 말, 당장 말하지 않아도 될 말, 필요치 않은 말을 해서 상대방의 마음을 상(傷)하게 할 수도 있다. 입에서 나간 말 한마디에 인격(人格)과 품위(品位)가 달려 있다는 것을 우리들은 알아야 할 것이다.

 친구의 외모(外貌)나 이름을 갖고 놀리는 학생이 있다

면, '가랑잎이 솔잎더러 바스락거린다고 한다.'는 속담처럼 친구의 허물보다 자신의 허물을 되돌아보고, 자신이 한 말에 상처받았을 친구의 입장을 생각해 보도록 해야 할 것이다. 비슷한 재미있는 속담에 '겨 묻은 개가 똥 묻은 개 흉본다.' '숯이 검정 나무란다.' '가마솥이 노구솥 보고 검다고 한다.'는 뜻은 자신의 흉은 모르고 남의 허물만 탓한다는 말이다.

사람은 불완전한 존재이기에 누구나 장점과 단점을 가지고 있다. 공자는 '군자의 조건으로 먼저 상대방의 장점을 발견하고 그 장점이 꽃피울 수 있도록 칭찬과 격려로 더 발전되게 하며, 단점은 실현되지 못하게 한다. 소인은 그 반대이다. 군자성인지미 불성인지악 소인반시(君子成人之美 不成人之惡 小人反是)'라고 말했다. 인간에게 장점보다는 단점이 먼저 보이기 때문에 다른 사람의 장점을 곧바로 찾아내기란 쉬운 일이 아니다. 단점을 지적하여 효과가 있으려면 상대방에게 호의를 가져야 한다. 장점을 칭찬한 후에 마지막으로 단점을 지적하면 큰 저항 없이 고쳐질 수 있지 않을까. 장점 발견하기 역시 훈련과 노력이 필요하다. 남의 장점을 발견하여 칭찬을 생활화합시다.

사람으로 태어나서 남의 이야기와 남의 흉을 보지 않는 사람이 있다면 참으로 진실한 사람일 것이다. 자신의 사리사욕(私利私慾)을 차리기 위하여 남을 헐뜯고 흉을 보는 사람은 소인(小人)의 행실이며, 그 사람이 있을 때에는 다정하게 충고의 말을 하고, 없을 때에는 칭찬의 좋은 말을 하는 사람이 대인(大人)이 아닐까. 대인은 남의 허물보다 자신의 허물을 먼저 부끄럽게 생각한다. 남의 허물을 덮어 주자.

* 休(쉴 휴) : 사람(亻, 사람인 변)들이 나무(木, 나무 목) 그늘에서 쉬면서 휴식한다. 휴식(休息), 휴학(休學), 휴가(休暇), 휴일(休日), 연휴(連休).
* 仁(어질 인, 사랑 인) : 사람(亻, 사람인 변) 둘(二, 두 이) 사이에 일어나는 어질고 사랑스러운 마음. 인자(仁慈), 인덕(仁德), 인도(仁道), 인자무적(仁者無敵).
* 依(의지할 의) : 사람(亻, 사람인 변)은 더우나 추우나 옷(衣, 옷 의)에 의지한다.
  의존(依存), 의지(依支), 의연(依然), 의타(依他), 귀의(歸依).

등에 업힌 아이가 배우겠어요

 섣달 초저녁 고추바람에 자라목을 하고 야간열차를 타기 위해 구포역에 도착했다. 대합실은 냉랭하였다. 고추바람에 뼛속까지 시린 사람들의 입에서는 뽀얀 김만 바쁘게 나온다. 매표소 앞 꼬불꼬불하게 늘어선 줄 맨 뒤에 섰다. 헐레벌떡 보따리 이고 아이를 업고 한 분이 급히 들어왔다. 두리번 두리번거리다가 슬쩍 목례를 하면서 새치기를 하였다. 날도 춥고 아기를 업은 분이라 아무도 말을 하지 않았다. 그때는 새치기하는 얌체족들이 더러 있었다. 그런데 촌로(村老) 한 분이 말씀하셨다. 충청도 양반(兩班) 말씨였다.

 "아주머니! 아주머니는 새치기해도 괜찮은데 등에 업힌 아이가 배우겠어유."

추위에 언 얼굴이 무안(無顏)해서 홍당무 같았다. 고개를 숙인 채 내 뒤에 섰다. 아마도 아주머니는 자식을 위해 양심(良心)을 속일 수 없었을 것이다. 촌로의 지혜로운 말씀이 참 여유로웠다. 그 노인의 말씀이 잔잔한 가슴을 파고들었다.

우리 어릴 때 어른들의 말씀에 '치마 앞자락을 태우면 앞들 논 사고, 치마 뒷자락을 태우면 뒷들 논 산다.'고 하셨다. 치마 태운 것을 꾸지람하지 않았다. 희망을 주면서 스스로 조심하게 했다.

지혜롭고 여유 있는 보약 같은 어르신의 말씀

"아주머니는 새치기해도 괜찮은데 등에 업힌 아이가 배우겠어요."

촌로의 말씀을 나는 세월이 흐를수록 더 맛나게 사용한다.

* 肉(月) 고기 육, (육달월) : 부수로 쓰일 때는 글자 모양이 대개 '月'로 바뀌는데 '육달월'이라고 하여 '月(달 월)'과는 구별된다.
* 왼쪽이나 아래에 '月'이 붙었을 경우는 대개 육달월로 신체 부위를 말한다. 肝(간 간), 肺(허파 폐), 肛(똥구멍 항), 胃(밥통 위), 肩(어깨 견).

* '月(달 월)'이 오른쪽에 붙었을 경우는 대개 달 월(月)이다. 明(밝을 명), 朗(밝을 랑), 朝(아침 조), 朔(초하루 삭).

* 부모는 자식을 이해해 주는 자세를 가져야 한다.
* 부모는 자식에게 용기와 칭찬을 아끼지 않아야 한다.
* 독특한 장점을 찾아 계속 격려를 해 주어야 한다.
* 필요 없는 욕심을 버려야 자녀의 앞길이 빨리 보인다.

은악양선 隱惡揚善

 은악양선(隱惡揚善)이란 '남의 허물은 덮어주고, 좋은 일은 드러내어 널리 알린다.'라는 뜻이다.

 중용(中庸)에서 공자는 순(舜)임금이 크게 지혜롭다고 했다. 순임금은 묻기를 좋아하시며 사소한 말이라도 잘 살피시되 허물은 덮어주고 좋은 일은 드러내시며 두 끝을 잡으시어 그 중간을 백성에게 쓰시었다. 순임금은 은악양선하여 천자의 자리에 올랐다는 말이 있다. 우리 모두가 일상(日常)에서 이를 실천한다면 이루지 못할 것이 무엇이 있겠는가. 은악양선을 다 같이 실천하여 사람이 사는 행복한 세상이 되었으면 좋겠다.

 내년(2024)에는 제22대 국회의원 선거가 새해 초장(初場)부터 벌겋게 달아오르는 새해를 맞이한다. 출마자들은 철저한 검정(檢定)을 거쳐 존경받는 훌륭한 사람이 선출되면 우리 국민들은 믿음이 가고 마음이 편안하고 안정될 것이다. 각종 선거 때는 그저 상대방의 허물을 들춰내기에 급급(汲汲)해 하는 소인배들의 모습을 가끔 볼 수 있다. 정책대안의 실현 가능성을 제시하는 대인이 보고 싶은 국민들의 마음이다.

덮어놓고 되는 대로 대립과 갈등으로 서로 미워하는 일이 정치권만의 문제가 아니다. 사회 전반의 문제다. 나라의 장래와 국민을 위해 대책 마련이 시급하다. 물질문명의 발달에 비해 정신문명이 따르지 못하고 있는 것 같다. 물질문명과 정신문화가 함께 발달했을 때 국가는 선진국에 가까워질 것이고 국민은 행복할 것이다.

정신문화를 일으켜 세우기 위해서는 어릴 때부터 인성교육을 제대로 가르쳐야 되지 않을까 싶다. 선비정신은 우리의 정신문화를 떠받친 주춧돌이고 기둥이라 할 수 있다. 선비정신은 돈보다 인격을 중히 여기고, 옳은 일이 아니면 행하지 않으며, 권세에 연연하지 않고, 자연을 벗 삼아 시(詩)를 읊고, 높은 정신세계에서 물질을 탐하지 않으며, 양심과 지조를 지키고, 가난해도 체면을 알고, 인간의 존엄성을 지킬 줄 아는 고고한 정신이 선비정신이다. 선비정신과 은악양선을 국민 모두가 실천하는 그런 나라가 되었으면 한다.

사람은 누구나 복(福) 받기를 원한다. 공자님이 말씀하시기를 "착한 일을 하는 사람에게는 하늘이 복을 주시고, 나쁜 일을 하는 사람에게는 하늘이 재앙을 주니라"고 하셨다. 그 복은 하늘에서 떨어지는 것이 아니라 자기가 만드는 것이다. 일찍이 순(舜)임금도 은악양선을 실천하여 천자의 자리를 얻었다. 사람이 실수로 잘못한 행동이 있을 때는 덮어주고 좋은 일이 있을 때는 칭찬을 해주어야 한다는 아름다운 말이다. 누구나 바라는 행복의 원천은 어디에 있나. 그것은 소유나 지배보다는 배려와 존중에서 찾아야 한다.

인간관계의 바탕은 주고받는 말에서 비롯된다. 말 한마디가 천 냥 빚을 갚기도 하고 가슴에 비수가 되기도 한다. 은악양선이 좋은 사람관계의 출발점이 되는 것이다. 남의 허물을 덮어주는 은악(隱惡)과 좋은 일은 드러내어 널리 알리는 양선(揚善)이 사람 사는 행복한 세상을 만드는 밑거름이 될 것이다.

은악양선을 몸소 실천했던 퇴계 이황 선생이 "허물이 있는 중에서도 마땅히 허물이 없는 것을 찾아야지, 허물이 없는 데서 허물이 있는 것을 찾아서는 안 된다."는 말씀을 하셨다. 누구나 완벽하기는 어렵다. 사람을 대할 때에 그 사람의 흉허물이 없음을 받들 뿐이지, 흉허물 있음을 탓하지 말라는 것이다.

은악양선(隱惡揚善)을 통해 사회구성원 간에 좋은 사람 관계를 맺으며 사람이 사는 행복한 세상이 되었으면 좋겠다.

* 計(계산할 계) : 말(言, 말씀 언)을 열 번씩(十, 열 십) 셈하여 계산한다. 계산(計算), 합계(合計), 가계(家計).
* 洪(넓을 홍, 홍수 홍) : 물(氵, 물수 변)이 함께(共, 함께 공) 넘쳐 흐르니 넓게 홍수가 났다. 홍수(洪水), 홍복(洪福, 큰 행복)
* 異(다를 이) : 밭(田, 밭 전)은 함께(共, 함께 공) 모여 있으나 나오는 곡식은 다 다르다. 이견(異見), 이국(異國), 이성(異性), 특이(特異).

편식偏食을 하지 말자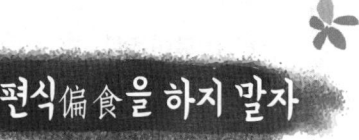

편식(偏食)은 좋아하는 음식만 골라 먹고 싫어하는 음식은 먹지 않는 것이다. 편식은 나쁜 습성(習性)이다. 골고루 잘 먹으면 건강(健康)하고 엄마도 아버지도 가족(家族) 모두가 좋아할 것이다. 편식을 하면 영양소의 균형이 맞지 않아서 키도 안 크고 몸도 허약(虛弱)해질 수 있다는 뜻이다. 밥이 보약이라는 말이 있다. 균형 잡힌 식사만큼 몸에 좋은 보약은 없다는 말이다. 그만큼 음식을 편식하지 않고 골고루 잘 먹으면 내 몸은 튼튼해지고 건강해지는 것이다.

한의사(韓醫師)가 제일 싫어하는 말이 '밥이 보약이다'는 말이다. 치과의사도 한 목소리 낸다. '이[齒] 없으면 잇몸으로 살지' 이가 없으면 잇몸으로 음식물을 씹어 먹듯이, 꼭 있어야 할 것이 없으면 없는 대로 견디어 나갈 수 있다는 말이다.

'세 살 적 버릇이 여든까지 간다.'는 속담이 있듯이 어릴 때부터 편식하는 습관이 들면 어른이 되어서도 고치기 힘들기 때문에, 지금부터라도 모든 음식을 골고루 먹는 습관을 기르도록 해야 하지 않을까. 또 편식을 하는 사람과 같이 식사를 하면, 나쁜 인상을 줄 수 있기 때문에 올바른 식생활 습관을 기르는 것이 좋을 듯싶다.

유별나게 고기반찬을 좋아하는 친구도 더러 있다. 명심보감에 '식담정신상 심청몽매안(食淡精神爽 心淸夢寐安)'이라는 말이 있다. 즉 '음식이 깨끗하면 마음이 상쾌하고 마음이 맑으면 잠을 편안하게 잘 수 있다.'라는 말씀이다. 기름진 음식을 많이 먹으면 머리가 무겁고 정신이 흐려져서, 결국엔 마음이 복잡해지고 잠도 편하게 잘 수 없다는 말이다. 마음이 안정되고 정신이 맑아지기 위해서라도, 우리 청소년들은 편식하지 말고 음식을 골고루 잘 먹어야 되지 않을까?

* 偏(치우칠 편) : 사람(亻, 사람인 변)은 작은(扁, 작을 편) 이익에 잘

치우친다.

편견(偏見), 편모(偏母), 편식(偏食).

* 潕(물 마를 무) : 물(氵, 물수 변)이 없으니(無, 없을 무) 마른 것이다.
* 悅(기쁠 열) : 마음(忄, 마음심 변)을 바꾸니(兌, 바꿀 태) 기쁘다.
* 稅(세금 세) : 벼(禾, 벼 화)를 바꾸어(兌, 바꿀 태) 세금을 낸다.

감사는 만병통치약이다

감사(感謝)한 마음을 가지면 늘 행복(幸福)할 것이다. 감사라는 말은 아름답고 고운 말이다. 감사가 있는 곳에는 늘 인정(人情)이 있고, 웃음이 있고, 기쁨과 넉넉함이 있다. 이 세상에 감사하지 않는 게 없을 정도다. 나의 몸도 감사하고, 자연 만물도 다 감사하다. 감사하는 마음은 만병통치약(萬病通治藥)이다.

나를 낳아주신 부모님께 평생 감사하며 은혜에 보답하고 효도해야 한다. 엄마가 우릴 낳으실 때 서 말 서 되의 응혈(凝血)을 흘리시고, 낳아서는 여덟 섬 서 말의 젖을 주셨다. 엄마는 자식을 위하다가 주민등록증 외에 또 다른 하나의 '증(證)'이 있다는데 그 증(證) 이름은 골다공증(骨多孔症)(뼈의 양이 줄어 강도가 약해지고 잘 부러지기 쉬운 상태)이라고 한다.

먼 눈 팔며 길을 가다 그만 넘어져 한쪽 다리를 다쳤다. 그래도 '감사합니다.'라고 해야 한다. 왜냐하면 두 다리가 다 다치지를 않았으니까. 감사합니다, 감사합니다, 매일 감사 약으로 치료하니 빨리 완치되었다고 한단다.

말로만 하던 '감사'가 실제로 감사가 되고, 불치병도 낫게 할 수 있단다. 사람의 병은 대부분 스트레스의 원인인 마음의 상처와 부정적인 생각 때문이 아닐까. 그래서 감사의 마음을 가지면 모든 스트레스와 병을 이길 수 있는 힘이 생긴단다. 감사한 마음으로 살아간다면 그만큼 건강에 유익하지 않을까.

부모님 감사합니다. 형제간에도 서로 감사합니다. 친구 간에도 서로 감사합니다. 선생님 감사합니다. 이웃 간에도 서로 감사합니다. 해님 감사합니다. 달님 감사합니다. 공기님 감사합니다. 바람님 감사합니다. 비님 감사합니다. 만물이 다 감사합니다. 우리의 신체 부분에도 감사 인사를 해야 한다. 눈님, 코님, 입님, 귀님, 머리님, 위장님, 심장님, 간님, 폐님, 손[手]님, 발[足]님, 등등 다 감사하지 않는 게 없다. 세상천지에 늘 감사의 인사를 해야 한다.

식사(食食)하기 전에 감사 기도를 하고 먹는 것도 참 중요하다. 우리 가족이 하는 기도문(祈禱文)을 살펴보면 '거룩하신 부처님! 이 한 그릇의 음식이 제 앞에 오기까지에는, 무수한 노력과 공을 베푸신 님들께 감사하며, 스스로 지난날을 반성하여 욕심과 어리석음의 굴레에서 벗어나, 보다 좋은 일을 하기 위한 약으로 생각하며, 이 귀한 음식을 들겠나이다. 부처님 감사히 잘 먹겠습니다. 부처님 감사히 잘 먹겠습니다. 부처님 감사히 잘 먹겠습니다.'

우리가 기뻐하며 감사하면 우리 몸은 그냥 건강하지 않을까. 불평불만을 하거나 화를 내면 우리의 마음과 몸은 약해지고 병(病)과 친구가 될 것이다. 우리 청소년들이 감사한 마음으로 공부를 하면 성적이 쑥쑥 올라갈 것이다. 우리 어른들도 감사한 마음으로 살아간다면 날마다 건강하고 신날 것이다. 매일 기뻐하고 감사하며 감사 약을 먹으면 몸과 마음과 정신의 건강을 잘 유지할 수가 있지 않을까?

'감사합니다. 감사합니다. 감사합니다.'는 만병통치약이다.

* 食(밥 식, 먹을 식) : 사람(人, 사람 인)이 좋아하는(良, 좋을 양) 것

은 밥이고 먹는 것이다. 식대(食代), 식사(食事, 食食),

* 食(먹일 사, 밥 사) : 사람(人, 사람 인)이 좋아하는(良, 좋을 양) 것은 먹는 것이 고 밥이다.
* 飮(마실 음) : 밥(食, 밥 식) 먹고 하품(欠, 하품 흠)하듯 입을 벌리고 물을 마신다. 음료(飮料), 음식(飮食), 음주(飮酒), 음복(飮福).

가家 자와 안安 자의 유래

 수천 년 전의 생활풍속을 알 수 있는 것은 표의문자(表意文字)인 한자를 통해서 엿볼 수 있다. 그 한자가 중국인들이 만든 문자가 아니다. 우리 한민족(韓民族)의 조상 동이족(東夷族)이 만들어서 물려주었다. 수많은 글자들 속에 우리 문화의 풍습이 들어 있다. 정확한 의미를 알면 큰 도움이 되지 않을까.

 부수(部首)의 명칭(名稱)을 제대로 알아야 될 것 같다. 잘못 전해진 부수 명칭을 보면 '집 면(宀)'을 '갓머리(宀)'로 잘못 표기되어 있는 옥편(玉篇)을 간혹 볼 수 있다. "安(편안할 안) : 집 면(宀) + 여자 여(女)"는 집(宀) 안에 여인(女)네들이 앉아서 편하게 쉬고 있는 모습 때문에 "편안하다"라는 의미가 되었던 것이다. 그런데 옛날 양반들이 쓰고 다녔던 갓과 닮았다고 해서 과거 훈장 선생님들이 학동들에게 빨리 가르치려고 집 면(宀)을 갓머리(宀)로 하였던 게 지금까지 잘못 전해지고 있다. 본래 安(편안할 안) 자의 뜻을 '갓을 쓰고 있는 여인'이라는 뜻이 되어 '대안문(大安門)'이 '대한문(大漢門)'으로 일제 침략 후 바뀌었다. 대안문(大安門)의 명칭을 쓰게 된 것은 온 백성이 근심 걱정 없이 태평성대의 편안한 날들로 되었으면 좋겠다는 간절한 바람으로 붙여진 이름이다. 그 좋은 이름을 일본이 강제로 바꾼 대한문(大漢門)의 한(漢) 자는 '놈 한 자'이다. '놈 한 자'를 넣어 '큰 놈이 사는 대궐문'이라는 의미를 갖게 했다. 잘못된 부수 명칭은 하루속히 고쳐야 하고 '대한문'도 '대안문'으로 고쳐야 되지 않을까 싶다.

집 안에 돼지가 있는 한자는 '집 가(家)' 자다. 家(집 가) 자를 파자해 보면 '宀(집 면)' 자와 '豕(돼지 시)' 자의 합체자이다. 왜 '집 면' 밑에 '돼지 시' 자가 있을까? 옛날에는 파충류(爬蟲類)가 많았다. 특히 잠잘 때에 뱀이 기어 들어오는 것을 막는 게 큰 걱정거리였다. 우리의 조상 동이족들은 뱀의 천적이 돼지라는 것을 알게 되었다.

그 당시 사람들은 뱀의 천적이 돼지라는 것을 알고 집

밑에 반드시 돼지를 길렀다. 돼지의 똥냄새만 맡아도 뱀은 절대로 접근하지 못하기 때문에 걱정 없이 잠을 잘 수 있었던 것이다. 집 안에 사람은 없어도 되지만, 반드시 돼지는 있어야 하기 때문에 '집'이란 글자를 만들 때 집 안에 돼지를 그려 '家(집 가)' 자의 글자를 만들었던 것이다.

근래까지도 제주도에서 화장실 밑에 돼지를 기르고 있는 것으로, 옛날 시대에 우리 동이족이 집 밑에다 돼지를 길렀던 풍속을 엿볼 수 있다. 야영할 때 뱀이 두려울 땐 돼지 똥을 갖고 가서 텐트 주변에 뿌려 놓으면 뱀으로부터 안전하지 않을까 싶다.

상고시대 풀섶에 살면서 자고 나면 인사말이 '뱀 없어(無它, 무타)'라고 서로 안부를 물었다고 한다. '뱀 타(它)' 자가 뒤에 '虫(벌레 충)' 자를 더하여 '蛇(뱀 사)'로 되었다.

"무사(無蛇)한가?"(뱀은 없었나?)가

"무사(無事)한가?"(별일 없는가?)로 인사가 변했다.

家(집 가)와 安(편안할 안) 자만 보더라도 우리의 조상인 동이족이 옛 풍속에 맞추어 한자(韓字)를 만들었음을 알 수가 있다. 한자는 중국의 차용문자가 아니고 우리나라 대한민국(大韓民國) 동이족(東夷族)이 만든 글자이다.

* 東(동녘 동) : 나무(木, 나무 목) 사이에 해(日, 해 일)가 비치고 있으니 위치상으로 동쪽. 동문서답(東問西答), 동해(東海).
* 夷(큰 활 이, 어진 사람 이, 훌륭한 사람 이, 기쁠 이, 오랑캐 이(×)는 중국 사람들이 동쪽에 있는 군자(君子) 나라의 사람을 낮추어 동쪽 오랑캐라 칭한 데서 비롯됨. 큰(大, 큰 대) 활(弓, 활 궁)을 쏘는 훌륭하고 어진 사람이 동이족이다. 양궁이 세계에서 1위. 동이(東夷),
* 族(겨레 족) : 사방(方, 방위 방, 모 방)에서 사람(人, 사람 인)들이 화살(矢, 활 시)을 들고 모여든 것이 겨레다. 가족(家族), 족보(族譜)

친구와 사이좋게 지내자

 내가 힘이 들고 괴로울 때, 나에게 따뜻한 위로와 응원과 등을 어루만져주는 친구가 나에게 큰 힘이 된다. 청소년들이여, 인생 삶에 있어서 친구가 소중한 존재입니다.
 친구와 편을 나누어 사귀다 보면 싸움이 일어날 수가 있다. 논어(論語) 위정(爲政)편에 '군자는 주이불비하고 소인은 비이부주니라(君子周而不比, 小人比而不周)'라는 공자님 말씀이 있다. '군자는 두루 사귀어 친하게 지내지만 편을 짓지 않고, 소인은 편을 지어 두루 사귀지 못해 친하게 지내지 못한다.'고 한다. 친구와 편을 나누는 것보다 모든 친구와 사이좋게 잘 지내는 것이 좋지 않을까 싶다. 또 친구의 험담(險談)을 하다 보면 싸움이 날 수도 있는데 명심보감에 '상인지어(傷人之語)는 환시자상(還是自傷)이라.' '남을 해치는 말은 도리어 자기 자신을 해친다.'라는 말이 있다. 친구의 단점을 말하기보다는 장점을 찾아 칭찬해 주는 것이 싸움을 막고 사이좋게 지낼 수 있는 방법이 아닐까. 서로 입장을 바꾸어 생각해 보고, 자신이 스스로를 헤아려보면 상대를 이해하고 자신을 돌아볼 수 있어서 다툼은 줄일 수 있지 않겠나 싶다.

친구와 놀다 보면 다툼이 일어날 수도 있다. 그럴 때에는 잘못한 친구를 용서해 주는 너그러운 마음이 필요하다. 명심보감에 보면 '모든 일에 너그러움이 따르면 그 복이 저절로 두터워진다'라는 말씀이 있다. 내가 남에게 너그럽게 용서하면 언젠가 내가 잘못했을 때 그 친구가 나를 용서해 주지 않을까 싶다. 너그러운 마음으로 친구의 잘못을 감싸주고 용서해 주면 그 복(福)을 다시 자신이 받지 않을까?

나에게 착하게 하는 친구에게도 나 또한 잘할 것이고, 나에게 나쁘게 하는 친구에게도 나 또한 잘할 것이다. 내가 남에게 나쁘게 아니 하였으면 친구도 나에게 나쁘게 하지 않을 것이다.

'친구는 옛친구가 좋고, 옷은 새옷이 좋다'라는 말이 있다. 즉 친구는 오래 사귄 친구일수록 정이 두터워 좋고, 옷은 새것일 때가 좋다는 말이다.

'보이지 않는 곳에서 나를 좋게 말하는 사람은 진정한 친구이다'(영국 토마스 풀러의 말)

'친구를 고르는 데는 천천히, 친구를 바꾸는 데는 더 천천히'(미국 벤자민 프랭클린의 말)

공자님 말씀에 '유익한 벗이 셋 있고 해로운 벗이 셋 있느니라.'고 하셨다.

정직(正直)한 사람과, 신용(信用) 있는 사람과, 견문(見聞)이 많은 사람을 벗으로 사귀면 유익하고, 편벽(偏僻: 한쪽으로 지나치게 기울어짐)한 사람과, 아첨(阿諂)하는 사람과, 말이 간사(奸詐)한 사람을 사귀면 해로우니라. 고 하셨다.

사람이 살아가면서 내가 유익한 친구를 찾지 말고, 내가 먼저 남에게 유익한 친구가 되도록 노력해야 되지 않을까. 청소년들아! 우리 모두 친구 간에 사이좋게 지내자.

* 빈대(貧待)떡 : 옛날에 세모(歲暮, 한 해의 마지막 때)에 양반 댁에서 가난한 사람들에게 베푼 떡을 '빈자(貧者)떡'이라고도 하고, 가난한 사람을 대접하는 떡이라는 뜻에서 '빈대(貧待)떡'이라고도 하였다.

* 貧(가난할 빈) : 나누어(分, 나눌 분) 돈(貝, 돈 패)을 쓰면 가난하다.
  빈곤(貧困) 빈약(貧弱)
* 待(기다릴 대, 대접할 대) : 걸어(彳, 조금 걸을 척, 두인변)다니며
  절(寺, 절 사)에서 불공드릴 시간을 기다린다. 걸어가다가(彳, 걸
  을 척) 절에서 친구를 만나 점심을 대접하다.
* 侍(모실 시) : 사람(亻, 사람인 변)들은 절(寺, 절 사)에다 부처님을
  모신다.

거짓말은 다 나쁜 말인가

'거짓말이 외삼촌보다 낫다'는 속담이 있다. 즉 거짓말이 때에 따라서는 이로울 수도 있다는 말이다. '거짓말하고 뺨 맞는 것보다 낫다'는 속담도 있는데 그 뜻은 '언제나 사람은 야단을 맞더라도 사실을 사실대로 말하는 것이 좋으므로 거짓말을 하면 안 된다'는 말이다. 거짓말은 때에 따라서 좋을 수도 나쁠 수도 있다는 말이다.

옛날 보릿고개, 쌀이 귀한 시절에 '생쌀을 몰래 먹으면 엄마가 죽는다.'는 무서운 말이 있었다. '귀한 생쌀을 먹지 말라'는 뜻에서 어른들이 거짓말을 하였던 것이다. 쌀의 소중함을 일깨워 주는 이로운 거짓말이다.

옛날 모닥불로 추위를 쫓던 시절, '뒤로 모닥불을 쬐면 밤에 무서움을 많이 탄다.'고 거짓말을 하였다. 그 뜻은

'뒤로 불을 쬐면 불티가 옷에 붙어도 볼 수 없기 때문에 옷을 태우는 큰 화를 입는다.'고 참말 같은 거짓말을 하였다. 옛 어른들께서는 아이들의 훈육에 훌륭한 지혜로서 가르쳤다.

그 옛날 이조 명종 때 밀양부사 윤모(尹謨)의 딸 동옥(東玉) 아랑(阿娘) 낭자가 유모의 거짓말 꾐에 빠져 영남루 달구경 갔다가 괴한이 정조를 강요함에 거절하자 칼로 찔러 죽여 대밭 속에 던져버렸다는 이야기가 있다. 유모의 악의(惡意)의 거짓말에 살인이 일어나게 되었다.

어느 계(契) 모임의 이야기다. 밥알을 세며 먹는가 하면, 체(滯)한 것이 어떤 것인지도 모르는 친구가 있다. 지각(遲刻)을 도(都)맡아 하는 고무줄시계를 차고 다니는 친구가 있다. 남은 안중(眼中)에도 없고 자기 마음대로 편하게 사는 친구다. 오늘 모임에 그 친구는 결석을 하였다. 모두 마음 모아 가을 단풍놀이를 가도록 의견을 모았다. 한편으로는 그 친구의 고무줄시계 때문에 걱정이 되었다.

거짓말로 출발 시간을 한 시간 일찍 통지하기로 결정하였다. 단풍놀이 가는 그날따라 착하게도 약속 시간보다 일찍 나왔다. 시간이 꽤 지났는데도 관광차도 없고 아무도 나오지 않자 눈꼬리가 서서히 올라가고 얼굴은 검붉은 팥죽색깔로 변하여 씩씩거리고 있었다.

"친구! 좀 늦어서 미안하네."

친구들의 인사말이 한결같았다. 성이 죽(粥) 끓듯이 끓어올라 성나는 대로 자기 하고 싶은 말을 다 하였다. 내가 살살 달랬다.

"자네 역지사지(易地思之) 뜻을 알제?"

"와~"

"우리 모임을 되돌아보면서 자네 자신을 한번 생각해 보게나. 우리 오늘 기분 좋게 자연 공부 좀 하고 오자."

"어~ 친구들 보기 미안하네. 오늘 아침 자네들의 뜻을 알겠네. 앞으로 잘하겠네."

거짓말 한마디가 새 사람 만들었다. 사람이 살다 보면 자기를 먼저 생각하는 게 정한 이치지만 더불어 살아가는 삶은 남을 먼저 생각하며 사는 게 바람직한 삶이 아닐까 싶다. 거짓말도 이로운 거짓말이 있고 해로운 거짓말이 있다. 거짓말은 때에 따라서 좋을 수도 나쁠 수도 있다.

거지는 모닥불에 살찐다는 말이 있듯이, 인간은 거짓말

속에서도 사람이 될 수도 있다.

* 門(문 문) : 문전(門前), 가문(家門) … 門은 쌍 문을 뜻한다.
* 戶(문 호) : 호구(戶口), 호적(戶籍) … 戶는 외짝 문을 뜻한다. 일반 백성이 사는 집의 문을 가리키므로 '戶口(호구)'는 일반백성의 집 수와 식구를 뜻한다.

사람과 반려동물의 장례식장

 세상이 세월에 등 비비면서 살다가 많이 변했다. 세상에, 사람이 짐승만도….

 사람은 태어났다가 언젠가는 죽게 되는데 이것은 자연의 섭리이다. 상례는 너무 소홀히 해도 안 되고 과분하게 해도 예(禮)에 어긋난다고 말한다. 모든 행사를 경건하게 정성과 슬픔을 다하여 행한다면 예(禮)에 가까워질 것이다. 시대의 흐름과 사회 환경의 변화에 따르면서 전통상례를 밑바탕으로 하여 그 정신과 예에 어긋남이 없도록 하는 것이 돌아가신 분에 대한 도리가 아닐까 싶다. 상례는 슬픔을 다하는 것이 예(禮)다.

 오늘날 장례식장에는 곡(哭)소리가, 소리 없이 사라졌다. 눈물도 흉년이고, 콧물도 흉년이고, 곡소리도 흉년이

다. 상주의 눈물샘도 메말랐는가? 상주한테

"어른이 돌아가셨는데 왜 곡(哭)을 안 합니까?"

"장례지도사(葬禮指導師)한테, 곡을 해야 하는지 안 해도 되는지 물어보니 곡은 해도 되고 안 해도 된다고 하였습니다."고 했다. 묻는 사람이나 대답하는 사람이나 그 나물에 그 밥이다.

옛날에는 부모님이 돌아가시면 시집간 딸네들은 동네 어귀에서부터 머리카락을 풀고 흰옷을 입고 곡을 하며 들어왔다. 그 옛날에는 상주의 건강을 생각해서 대곡(代哭)하는 사람을 놉을 해서라도 곡(哭)은 계속 이어졌다. 상가(喪家)에 곡소리가 끊어지지 않는 시대의 이야기다.

옛날에는 행여 객사(客死)할까 봐 집 안으로 모셨지만, 지금은 숨이 떨어질 것 같으면 재빠르게 병원으로 옮기곤 한다. 시대적 변화로 그렇게 할 수밖에 없는 현실이 되었다. 장례식장이 아주 편리하게 잘 갖추어져 있다.

코로나로 인해 돌아가신 분은 너무 쓸쓸하게 떠난다. 나무코트도 폼 잡고 입을 수도 없고 마지막 옷 한 벌도 갈아입지 못하는 신세가 되어버렸다. 가족과 하직 인사도 제대로 못 하고 슬픔의 배웅도 없이 그냥 불속으로 떠난다. 인생이 너무 허무하다.

세상에, 개 유치원 보내는 데 월사금(月謝金)이 백만 원이라 하네.

반려동물(伴侶動物) 장례식장에는 대성통곡(大聲痛哭)하는 젊은이들의 곡소리가 산천(山川)을 울린단다. 수의복도 입히고 화장(火葬)하여 유골함에 넣어 납골당에 안치도 한다네. 우짜다가 세상이….

물질을 선호하는 서구문명의 유입으로 인정이 옛날과 많이 달라졌다. 고례에는 돌아가신 분에 대한 지극한 슬픔으로 장례를 치렀는데 요사이는 산 사람을 위주로 해 장례를 치르는 경향이 두드러진다. 특히 부모의 죽음에 대해서는 자기 존재의 근본에 대한 보답과 슬픔으로 생업을 잊으면서까지 예를 갖추었는데 요사이는 죽음에 대한 상식적 체념으로 슬픔을 나타내는 일조차 형식으로 흐르는 경향이다.

장례를 치름에 있어서 지켜야 할 예(禮)는 '슬픔을 다하는 것이다'라는 것을 알아야 할 것이다. 슬픔이 없다면 '예'라 할 수가 없다. 반려동물 역시 사람과 함께하면서 재롱을 부렸던 정으로 아이들과 가족들도 슬퍼할 수도 있는 것이다. 하지만 짐승보다 피를 나눈 가족이 우선이 아닐까.

* 君(군자 군, 임금 군) : 입(口, 입 구)을 잘 다스리는(尹, 다스릴 윤) 사람이 군자이고 임금이다. 군자(君子), 군주(君主), 부군(夫君)
* 如(같을 여) : 여자(女, 여자 여)의 입(口, 입 구)은 다 같다. 여의(如意), 여하간(如何間), 여전(如前)
* 姓(백성 성, 성 성) : 여자(女, 여자 여)가 낳은 백성. 성명(姓名), 성씨(姓氏), 성함(姓銜)

한 놈, 두식이, 석 삼…

 '한 놈, 두식이, 석 삼, 너구리, 오징어, 육개장, 칠칠이, 팔다리, 구구단, 십장생'이라고 70년대에 아이들이 재미있게 장난삼아 하나에서 열까지 수를 세었다. 소리에 가락이 있어 이렇게 세면서 신명 나게 놀았다. 그래서 아이들은 이런 '곁말'의 뜻도 모르고 사용하고 있는 것이다.

 '하나, 둘, 셋, 넷, 다섯…' 이렇게 수를 세면 단조롭고 맛이 없다. '한 놈, 두식이, 석 삼, …' 이런 말을 '곁말' 또는 '은어(隱語)'라고 한다. 그 뜻은 '말을 바로 하지 않고 다른 것을 빌어 빗대어 하는 말이다.'라고 사전에서 친절하게 알려준다.

 말을 익살스럽게 표현함으로써 재미나게 '말놀이'를 하는 어른들도 있다. 우리 생활 주변에는 '곁말'로 우리들에게 웃음을 제공하는 사람들이 있다. 우리 모두 각박한 세상에 '곁말'을 심심찮게 사용하여 웃음보 터지는 살맛 나는 멋진 세상 만들어 봅시다.

 수를 셀 때 먼저 '한 놈'이라고 비하(卑下)하는 욕으로부터 시작한다. 격식을 깨뜨린 말의 표현이다. '두식이'의 '두'가 둘을 의미하고, '-식이'라는 이름이 많으니 '두-식이'라 나타냄으로써 두 사람을 의미하는 것이다. '석 삼'은 같은 뜻의 말로서 '석'과 '삼(三)'을 이어 나타내었고, '너구리'는 '넷'을 표현한 것이다. '오징어, 육개장'은 다 같이 '오(五), 육(六)'과 같은 어두음(語頭音: 단어의 첫머리에 오는 음)을 활용한 어류명(魚類名)과 음식(飮食) 이름을 빌어 말[言]놀이를 한 것이다. 이렇게 외다 보면 개구쟁이 어린애들의 모습이 떠오르고 재미있는 곁말놀이에 웃음꽃이 피어난다.

 이런 어린이들의 놀이를 다 큰 성인들도 즐겁게 사용하고 있는 것을 볼 수 있다.

 "좀 물어 봐." "물어 보면 아프게."라는 것이 그것이다.

 "매야, 너 매 맞을래?" "매 보고 매 맞을래?" 하기도 한다.

한의원에서는 침을 꽂지만, 회춘을 하게 해주는 입안의 침은 혀를 굴리면 풍부하게 생긴다. 웃음소리 나는 곁말이다.

우리 생활 주변에는 '곁말'로 우리들에게 웃음을 제공하는 사람들이 많다. 심심찮게 곁말을 사용하여 미소 넘치는 아름다운 세상 만들어 봅시다.

* 中(가운데 중) : 중도(中途), 중추(中秋), 중독(中毒), 중추가절(中秋佳節)
* 仲(버금 중, 둘째 중) : 중개(仲介), 중추(仲秋), 중부(仲父)
* 가을 명절을 '추석' 또는 '한가위'라 한다. 가을은 음력으로 7월[맹추(孟秋)], 8월[중추(仲秋)], 9월[계추(季秋)]라고 한다. 한가위 때 선물 포장 표지에 중추가절(中秋佳節) 또는 중추가절(仲秋佳節)이라 쓰는데 중추가절(中秋佳節)이 맞지 않을까 싶다. 버금 중(仲)은 가을의 두 번째 달 곧 음력 8월이다. 가운데 중(中)은 삼추(三秋)의 한가운데가 8월 15로 한가운데를 나타내는 뜻으로 중추(中秋)라고 한다. 음력 8월 15일은 추석 또는 한가위라 한다. 한가위의 '한'은 '크다'이고 '가위'는 '가운데'라는 말이니 '한가운데'가 음력으로 8월 15일이라는 뜻이니 중추절(中秋節)이 마땅하지 않을까.

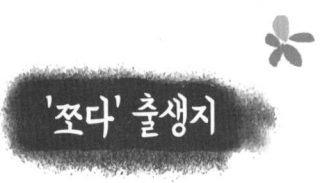
'쪼다' 출생지

'쪼다'라는 말은 어디에서 태어났을까? 우리가 살아가면서 '쪼다'라는 말을 하기도 하고 때론 듣기도 한다. '쪼다'라는 말의 뜻은 어리석은 사람 또는 멍청하고 모자라 제구실 못 하는 사람, 또는 그런 태도나 행동을 속되게 이르는 말이다. 우리는 남에게 좋은 말을 하며 남의 허물은 덮어주고 기쁜 일은 칭찬하며 긍정적인 생각과 마음으로 살아간다면 자라나는 청소년들에게 올바른 우리말 사용과 귀감이 되는 모습의 본보기가 되어야 되지 않을까.

'쪼다'라는 말은 슬픈 사연이 있는 실존 인물에서 태어났다고 한다. 옛날옛날 그 옛날에 만주벌판을 마음껏 누비고 달리며 고구려의 영토를 크게 넓힌 왕 중의 왕 광개토대왕의 손자였다. 대고구려(高句麗)의 광개토대왕(廣開

土大王: 고담덕 高談德)은 19대 왕이고, 그의 아들이 20대 장수왕(長壽王: 고거련 高巨連)이다. 장수왕의 아들 이름이 고조다(高助多) 태자이다.

시호(諡號)는 임금·정승·유현들의 공덕을 기리어 죽은 뒤에 왕이 내려주는 이름이다. 광개토대왕(廣開土大王)은 A.D 374년~412년까지(39세) 살았으며 재위는 A.D 391~412(21년)까지다. 광개토대왕릉비는 높이 약 6.39m, 면의 너비가 약 1.5m이며 네 면에 1,775자(字)가 새겨져 있다고 한다. 장수왕(長壽王)은 A.D 394년~491년까지 98세의 천수를 누렸으며 A.D 413년~491년까지 약 79년간 재위하였다. 장수왕은 오래 살아서 장수왕이 되었다고 한다. 장수왕은 재위하는 동안 대고구려의 정치·사회·문화적인 전성기를 이끌었다고 한다.

왕위 계승을 위해 장수왕은 아들이 태어나자 이름을 '고조다(高助多)'로 짓고, "나의 뒤를 이어 왕이 될 태자(太子)로 책봉하노라!"고 하였다.

30년쯤 지난 후 '고조다' 태자는

"아버님이 건강하셔서 너무 좋구나! 나도 아버님처럼 훌륭한 왕이 되어야지."

또 30년쯤 후 '고조다'는

"아버님이, 너무 건강하시구나, 나는 슬슬 힘이 부치기 시작하는데…."

그로부터 얼마 후

"아버님, 부디 만수무강하옵소서. 죄 많은 불효자는 먼저 가옵니다. 꼴까닥!"

장수왕은

"나의 장남이자 태자인 '조다'가 먼저 세상을 떠나다니, 그럼 '조다'의 아들이자 내 손자인 '고나운(高羅雲)'을 새로 태자로 책봉하노라."

장수왕이 이름 그대로 장수(長壽)하게 되어 아버지보다 먼저 세상을 떠나 아들 '고조다'는 왕위에 오르지도 못하였다. 하지만 실제로는 정치역량이 뛰어나고 왕이 될 훌륭한 자질이 충분했다는 이야기도 있다. 후대 사람들은 왕위에도 오르지 못하고 먼저 세상을 떠난 '고조다'를 안타깝게 여겼다.

후대 사람들이 이를 두고 안타까운 마음에 '조다' '조다'라고 부르다가 '조다' 왕자와 비슷한 일이 있거나 또는 어리석은 행동을 하는 사람에게 '쪼다'라는 품격이 낮은 말로 부르게 되었다고 한다. 정말 슬픈 사연을 가진 '조다' 태자다. 앞으로 '쪼다'라는 말을 사용하지 말아야 될 것 같다.

어른들이야 이미 익숙해져서 별 상관없을지 모르지만 자라나는 새싹들인 어린이들에게까지 영향을 미치게 된다면 분명 사회적으로 심각한 문제가 되지 않을까 걱정이 된다. 하루빨리 올바른 우리말을 사용하려는 노력이 필요할 때다.

* 助(도울 조) : 남의 일에 또(且, 또 차) 힘(力, 힘 력)을 써서 돕는다. 조언(助言)
* 學(배울 학) : 절구(臼, 절구 구)처럼 둥글게 앉아 좋은 점을 본받아 (爻, 본받을 효) 무식으로 뒤덮인(冖, 덮을 멱) 아들(子, 아들 자)이 글을 배운다. 학생(學生) 학우(學友) 학자(學者) 학식(學識)
* 校(학교 교) : 나무(木, 나무 목)로 종아리를 맞고 친구도 사귀(交, 사귈 교)는 학교. 학교(學校) 교정(校庭) 교정(校正)
* 仟(일천 천) : 일천(壹仟), 이천(貳仟), 삼천(參仟)
* 阡(논두렁 천) : 천맥(阡陌 : 阡은 남북, 陌은 동서로 낸 밭두렁)
* '千'의 갖은 숫자로 '阡'을 쓰는 이가 많은데, '仟(일천 천)'으로 써야 옳다.

당선자와 당선인

 당선자(當選者)와 당선인(當選人)는 어느 낱말이 맞을까? 같을까, 틀릴까? 십여 년 전 갑자기 '당선자' 호칭을 '당선인'으로 바뀌었다. 국민은 헷갈린다. '접미사(接尾辭)일 경우는 비어(卑語)가 아니다.'라고 되어 있다. 그리고 헌법에는 '다수표(多數票)를 얻은 자는 당선자로 표기한다.'고 되어 있다. 언론은 헌법에 반하는 명칭을 함부로 사용하지 않는 게 국민들에게 좋은 모습이 되지 않을까 생각해 본다.

 한자(漢字)는 한 자(字)이지만 뜻은 여러 가지가 있다. '자(者) 자'를 살펴보면 뜻이 '사람 자' '놈 자' '것 자' '때 자' '곳 자' 등의 뜻으로 되어 있다. '사람 자(者)' 자의 뜻을 가진 낱말을 살펴보면 과학자(科學者), 당선자(當選者), 왕자(王者), 식자(識者), 필자(筆者), 기자(記者), 학자(學者), 배우자(配偶

者), 유권자(有權者), 후보자(候補者), 성직자(聖職者), 교육자(教育者), 연구자(研究者), 지휘자(指揮者), 노동자(勞動者), 기술자(技術者), 연기자(演技者), 독자(讀者) 등을 볼 수 있다.

여기에 후보자나 유권자 때는 아무 말이 없다가 '당선자'가 되면 '자' 자가 들어간 것은 비하(卑下)의 표현이라며 '당선인'으로 해야 한다고 야단법석이다. 지위를 나타내는 모든 용어에 붙은 '자(者)' 자가 왜 대통령 당선자에게만 예외가 될 수 있을까 생각해 볼 일이다.

'놈 자(者)' 자의 경우는 어떨 때 사용될까 살펴보면 '3일 이상 무단결석(無斷缺席)한 자(者)' '그 자(者)가 말했어' '교통법규 위반자(者)' 이럴 땐 비어(卑語)로 본다.

'것 자(者)' 자의 경우는 〈예기〉에 '효자휵야(孝者畜也)라'는 말이 있다. 그 뜻은 풀어보면 '효라 함은 기르는 것이다.' 또는 '정자정야(政者正也)'라는 말이 있는데 '정치라는 것은 바르게 정직하게 해야 한다.' '효자지행야(孝者之行也)'는 '효라는 것은 행하는 것이다.' 이럴 땐 '것 자'로 풀이된다.

'때 자(者)' 자의 경우는 소동파(蘇東坡)의 '적벽부(赤壁賦)'에 '금자박모(今者薄暮)'라는 말이 있다. 그 뜻은 '이때 땅거미가 진다.'고 되어 있다. 근자(近者)는 '요즈음' 또는 '요새'

라 풀이한다. 석자(昔者)는 '옛날 그때'. 금자(今者)는 '지금 이때'의 뜻으로 '때 자'로 해석된다.

'곳 자(者)' 자의 경우는 '상쾌자(爽快者)' 뜻은 '상쾌한 곳'이다.

'자(者) 자' 한 자에도 여러 가지 뜻이 있다는 것을 알아보았다. '사람 자' 자 와 '놈 자' 자를 바르게 알았으면 아무 문제가 없지 않을까 싶다. 요즈음 각 언론 매체에서는 '당선인'을 사용하는 비중이 절대적이다. 사전적 의미에서는 '당선인'과 '당선자'는 큰 차이가 없다고 한다. 하지만 헌법에는 '다수(多數)표를 얻은 자는 당선자로 표기한다.'고 되어 있다. 언론은 헌법에 반하는 명칭을 사용하지 않는 게 맞지 않을까.

* 者 (사람 자, 놈 자, 것 자, 때 자, 곳 자 등) : 노인(耂, 늙을 로)이 흰(白, 흰 백) 수염을 쓰다듬으며 '사람'이 되거라 이'놈'아 한다. 당선자(當選者), 필자(筆者)
* 卒(군사 졸, 마칠 졸) : 머리(亠, 머리 부분 두)에 모자를 쓰고 두 사람(人人)이 십(十, 열 십)일 만에 군사교육을 마쳤다. 졸업(卒業) 졸병(卒兵)
* 時(때 시) : 해(日,해 일)가 뜨면 절(寺,절 사)에서 종을 쳐 때를 알린다. 시간(時間) 시절(時節) 시대(時代) 시국(時局) 시사(時事)

한자漢字는 우리의 조상 동이족東夷族이 만들었다

한자는 우리의 조상인 동이족(東夷族)이 만든 우리나라 대한민국 글자이다. 중국이 만든 것을 우리가 차용해 쓴다고 생각하면 잘못이다.

개불고기 연(然) 자를 살펴보면 고대(古代)에서부터 우리 동이족이 개를 잡을 때에는 반드시 털을 불에 그슬리었기 때문에 '개불고기 연'에서 '그슬릴 연(태울 연)' 자로 원래의 뜻에서 바뀌어 변하게 되었다. 여름에 개불고기를 먹고 나면

"여름 몸보신은 개고기가 최고야!"

"맞아."

"너도 맛있나?"

"어 맛있다마다."

"너도, 나도…."

"그렇지." "그렇지."

하다가 보니 '그슬릴 연'에서 다시 '그럴 연' 자로 변하게 되었다.

연(然) 자를 파자해 보면 '月(肉:고기 육)+犬(개 견)+灬(불 화) = 然(개불고기 연, 태울 연(그슬릴 연), 그럴 연)이 된다.'

'태우다'의 글자가 없어지고 나니 '태우다'의 글자가 필요해서 '然' 자에 '火' 자를 변(邊)에 하나 더 붙여 '태울 연(燃)' 자로 만들어 사용하고 있다.

개를 잡을 때 불에 털을 그슬리어 잡는 민족은 세계에서 우리 한민족(韓民族)뿐이다. 중국인들은 원래(元來) 개고기를 잘 먹지 않는다. '복(伏)날 개 패듯 한다.'는 우리나라 속담을 보면 오랜 옛날부터 개를 잡을 때는 두드려 패서 불에 그슬리어 먹을 때 제 맛이 있다고들 하였다. 연(然) 자를 처음 만든 민족이 중국 민족이 아니라, 우리의 조상인 동이족(東夷族)이 만들었음을 알 수가 있다.

한국에서 개고기를 먹는다고 세계 서방국가로부터 지탄(指彈)을 받았다. 그들의 지탄이 두려워 뒷골목에서 개장국이 아닌 영양탕으로 이름을 바꾸었다. 삼복(三伏)더위 여름에 보신용으로 죄 없는 '개'만 희생됐던 개장국 풍습도 슬슬 사라져 가고 있다. 반려견(伴侶犬) 또는 애완견(愛玩犬)은 이제 한 가족처럼 사람과 더불어 살아간다. 사회학적으로 반려견을 가족의 구성원으로 인정하고 있는 현실이다. 가족 구성원에서 상전(上典)은 반려견이고 시부모님의 서열은 제일 꼴찌로 슬슬 밀려나고 있다

우리의 전통음식 문화는 점점 뒤안길로 사라진다. 대신 삼계탕 집은 문전성시(門前成市)다. 삼계탕(蔘鷄湯)이 금계탕(金鷄湯)으로 변하여 가격도 만만찮다. 삼복(三伏) 때는 여름 보신(補身)탕인 금계탕을 먹기 위해, 줄이 이어지는 진풍경(珍風景)을 볼 수 있다.

이름[상호]도 잘 지어야 되지 않을까 싶다. 1971년도 12월 25일 연말 서울 대연각(大然閣) 호텔(22층)에서 세계적으로 큰 화재 사고가 일어났었다. 인명 피해와 재산 피해가, 어마어마하였다. 호텔 이름이 큰 대(大) 자, 태울 연(然) 자에, 누각 각(閣) 자이다. '대연각(大然閣)이다. 대연각이란 이름 그대로 크게 태운 누각이다. 이름을 함부로 지어서는 안 될 것 같다.

동이족이 한자(韓字)를 만들었다고 주장하는 근거는 '갑골문이 출토된 은(殷)나라가 동이족(東夷族)의 후예(後裔)이고, 한자를 처음 만든 분은 환웅(桓雄)시대 우리 동이족이신 창힐(蒼頡, BC 4666~BC 4596)이라는 분이라고 한다.(한서 예기 오제편), 중국 문자는 동이인(東夷人)이 창조하였으며, 공자도 동이족인 은나라 사람의 후예이며 공자의 고향인 곡부는 곧 소호의 옛 도시로서 동이문화의 발원지다.'라고 대만의 문자 학자 이경재(李敬齋)께서 말씀하셨다. 서량지나 임혜상 같은 양심 있는 중국 사학자들은 "중국 역사의 상고사가 한민족사(韓民族史)다."라고 하였다.

한자가 동이족의 문자임을 적극적으로 주장하는 학자들이 한국보다 오히려 중국에 더 많다는 사실이다.

한자(韓字)는 우리나라 글이다. 어렵다고 버리지 말고 배우고 익히도록 하여야 한다. 우리의 말이나 교과서에서 쓰는 말의 대부분이 한자어다. 지금의 아이들이 뜻을 몰라 기초학력이 점점 떨어지는 현상이 나타나고 있다고 한다. 교과서에 옛날과 같이 한자병기(韓字倂記)를 부활하고 지속적으로 한자 교육을 하는 게 백년대계 교육이 아닐까?

* 答(대답할 답) : 대나무(竹, 대 죽)를 합(合, 합할 합)쳐 그 조각조각에 글을 써 대답을 한다. 답례(答禮) 답변(答辯) 답장(答狀) 회답(回答)
* 塔(탑 탑) : 흙(土, 흙 토)과 풀(艹, 풀 초, 초두머리)이 합(合, 합할 합)쳐져 어우러진 탑. 불탑(佛塔) 석탑(石塔)
* 命(목숨 명, 명령 명) : 사람(人, 사람 인)이 한(一, 한 일) 입(口, 입 구)으로 말을 잘못하여 무릎(卩, 무릎 절)을 꿇고 목숨을 빈다. 명령(命令) 명중(命中)

우리의 전통 놀이 찾기

가깝고도 먼 나라가 일본이다.

역사 속에 굴곡이 심한 나라다. 우리가 일본을 나쁘게 보는 이유는 삼십육 년간의 식민 지배를 받았다는 것 때문이다. 지금 우리는 일본에서 완전히 벗어났을까? 한번 생각해 볼 일이다. 일제강점기 때 우리나라 전국에 있는 학교를 통하여 아이들이 무슨 놀이를 하고 있는지 조사를 하였다고 한다. 이로 인해 우리의 전통 놀이가 사라졌다고 한다. 사라진 그 자리에 일본 놀이가 자리를 잡았다는 것이다. 일본의 문화 침략을 막으려면 하루속히 우리의 전통놀이를 찾아 놓아야 하지 않을까?

광복된 지 74년이 지났다. 지금까지도 그때 일본이 억지로 놀게 했던 일본 놀이가 우리 전통 놀이로 둔갑하여 아이들 교과서에 수록되어 있다. 당시 금지한 진짜 우리 놀이는 사라졌다. 그 자리에 일본 놀이가 지금까지 지키고 있다는 것은 부끄러운 일이다.

그 놀이를 보면 '박 터트리기', '우리 집에 왜 왔니', '비석치기', '딱지치기', '가위바위보', '꼬리잡기', '고무줄놀이', '수건돌리기', '말 타기', 등 삼백여 가지 놀이가 수록되어 있다고 하였다.

'박 터트리기' 놀이를 보면 일제강점(日帝强占) 때 오자미는 헝겊에 콩을 넣어 만들어야만 하였다. 그 당시는 생활이 어려워 사흘에 피죽도 한 그릇 못 먹던 시절이다. 콩이 귀하여 콩 대신 모래를 넣어 만들어 가면 혼이 났다고 한다. 콩주머니의 콩은 일본 군인들의 전투식량으로 사용하였다고 한다. 콩주머니 놀이를 통해 교묘하게 콩을 거두었다.

'비석치기' 놀이의 내면에는 '역사를 없애려면 비석을 깨트려라'라는 뜻이 담겨 있다. 비석(碑石)에 새겨진 내용은 모두 역사다. 일제는 아이들 놀이를 통해 비석에 돌을 던져 역사를 지우도록 하였다. 즉 정신문화를 없애려고 하였다.

'딱지치기' 놀이로 우리의 말과 글을 사용하지 못하게 하였다. 일본 군인이 그려져 있는 딱지를 나누어 주었다. 조선말을 하면 딱지를 하나씩 받도록 하였다. 그다음 날 딱지를 조사해서 적게 가지고 있는 아이들은 회초리가 손바닥에서 춤을 추었다고 한다. 광복 후에 우리나라 선생님들은 아이들이 일본말을 하면 딱지를 받도록 했단다.

모든 놀이의 내면에는 일본을 위하는 것으로 되어 있다. 일본 강점기에는 우리말과 우리글을 금지했으며, 우리에게 일본말만 쓰게 하고, 일본노래 일본 놀이만 하게 하였다. 우리를 철저하게 일본화하려고 노력했다. 우리가 이런 지배를 받았다는 것은 국력이 약하였기 때문이다. 항상 국력을 튼튼하게 해야 한다.

광복 이후 지금 우리 아이들 놀이 교과서에 일본 교과서의 놀이책 표지와 내용이 똑같이 되어 있다는 것은 너무나 부끄러운 일이다. 우리 학자들이 일본의 문화 침략을 속히 제거 정리해야 하지 않을까 한다. 자랑스러운 우리의 전통놀이와 문화를, 자라나는 우리 아이들에게 하루속히 찾아주어, 신나는 놀이 한마당이 되었으면 한다.

우리 것이 최고다.

튼튼한 교육 씨앗은 미래에 튼튼한 정신을 만든다.

* 切 (끊을 절, 모두 체) : 일곱(七) 번 만에 모두 끊었다. 절개(切開) 절단(切斷)
* 淸 (맑을 청) : 물(氵, 물 수)이 푸르니(靑, 푸를 청) 맑은 것이다. 청명(淸明) 청소(淸掃) 청렴(淸廉) 청풍명월(淸風明月)
* 晴 (갤 청) : 날(日, 날 일)씨가 푸르게(靑, 푸를 청) 개다. 청담(晴曇) 쾌청(快晴)

솔率나무처럼

나무들 중에 제일 으뜸이 되는 나무는 솔(率: 으뜸 솔)나무라 한다.

솔나무는 사람과 밀접한 관계 속에 오랜 세월 함께 살아왔다. 소나무로 지어진 안방에서 태어나고 한 세상살이가 끝나면 소나무로 만든 관 속에 들어가 소나무가 있는 산에 간다. 소나무는 늘 그 자리에 푸르게 경건(勁健)하게 서 있다. 믿음직스러운 굳은 절개와 자비는 한국인의 기품과 고고한 아름다움을 느껴지게 한다. 소나무처럼 변함없는 삶으로 모두가 으뜸 사람이 되었으면 한다.

솔(率)은 '으뜸 솔' 자이니 나무들 중에 으뜸이라는 뜻이다. 소나무를 한자로는 송(松: 솔 송)이라고 한다. '솔 송(松)' 자를 파자해 보면 '나무 목(木)'에 '높일 공(公)'으로 되어 있다. 즉 솔나무가 여러 나무 중에 귀한 높은 자리에 있다는 것을 뜻하고 있다. '소나무는 모든 나무 중에 어른이다.'라는 말도 있다.

우리나라 충북 보은군 속리산면에 '정이품' 소나무가 있다. 수령이 약 600년쯤 된 이 소나무는 조선 세조 임금이 속리산을 행차할 때 소나무 가지가 저절로 올라가 임금이 탄 가마가 걸리지 않도록 했다고 정이품의 벼슬을 내렸단다. 구전되어 내려오는 재미나는 이야기다. 충신(忠臣)도 받기 힘든 정이품 벼슬을 눈 깜짝할 새 받았으니 과연 으뜸 솔(率)나무다. '어른 말을 잘 들으면 자다가도 떡이 생긴다.'라는 속담이 있다. 나라를 위해 군주가 군주다워야 하고, 신하가 신하다워야 하고, 백성이 백성다워야 할 때 떡이 생기지 않을까?

우리나라 산은 소나무가 없는 산이 없다. 소나무는 사람에게 좋은 점을 많이 주었다. 긴 세월 우리와 함께 살고 즐기면서 정이 들었다. 사람은 '소나무 아래에서 태어나 소나무와 더불어 살다 소나무 아래에서 죽는다.'라는 말이 있다. 소나무로 지은 집 안방에서 아이가 태어나고, 장작을 지핀 온돌방에서 산모는 몸조리를 하고, 새 생명을 알리는 금줄에는 솔가지가 끼워졌다.

 아이가 자라면서 소나무 숲은 놀이터가 되고, 땔감(갈비)을 해서 나르는 일터가 되었다. 갈비를 많이 끌어 모아 갈비를 지고 오면 무거워서 갈비뼈가 휘는 느낌도 있다. 가구, 농기구, 달구지, 다리 등도 소나무로 만들었다. 가난한 시절 나무껍질 중에 소나무껍질이 쌀밥이요, 뿌리는 칡뿌리가 쌀밥이었다. 오래된 노송은 궁궐이나 절을 짓고 선박도 제조했다. 송진을 채취해서 연료로도 사용하였다. 소나무 뿌리에서는 복령(茯苓 : 소나무를 벤 뒤에 그 뿌리에 생기는 버섯의 하나)을 캐내어 값비싼 약제로도 쓰였고, 송이버섯도 생산이 되어 살림에 큰 보탬이 되었다. 생명이 끝나면 사람은 소나무 코트를 입고 소나무 밑에 묻힌다. 사람은 소나무한테 많은 신세를 지며 살아왔다. 그 진 빚을 언제 갚으려나?

 겨울 눈 속에서도 푸름은 군자의 덕을 상징하며 권력에 굴하지 않는 선비들의 충절을 나타내는 소나무다. 봄·여름·가을·겨울 내내 푸름으로 꿋꿋하고 바른 몸가짐을 잃지 않는 변함없는 나무다. 옛사람들은 소나무의 정신적 가치를 아주 중요하게 생각하여 없어서는 안 될 동반자로 보았다. 소나무는 십장생의 하나로 장수와 절개를 상징한다. 공해에도 강하여 아무 데나 잘 자라 도심 속 화단까지 내려왔다. 생활 속에서 함께하는 소나무처럼 대한민국의 아이들도 씩씩하고 건강하고 정직하고 바른 아이들로 자랐으면 좋겠다. 으뜸 솔(率)나무처럼!!!

* 率 (거느릴 솔, 으뜸 솔) : 우두머리(亠, 머리 부분 두)가 작은(幺, 작을 요) 사람을 양쪽에 두사람(二, 두 이)씩 거느리고 아랫사람 열(十, 열 십) 명을 으뜸으로 거느린다. 솔선(率先) 솔직(率直) 비율(比率) 경솔(輕率) 진솔(眞率)
* 畜 (기를 축, 가축 축) : 검은(玄, 검을 현) 소를 풀밭(田, 밭 전)에서 기르는 가축. 축사(畜舍) 축산(畜産) 가축(家畜)
* 美 (아름다울 미) : 양(羊, 양 양)이 크게(大, 큰 대) 자라나니 아름답다. 미관(美觀) 미모(美貌) 미용(美容) 미덕(美德) 미담(美談)

양손잡이

 세계화 시대에 사람들의 이동(移動)과 이주(移住)가 빈번해지면서 나타나는 여러 가지 현상들이 많다. 세계 어디에 가나 먹어야 산다. 한식(韓食)은 한 손으로 먹는 게 한식이고, 양식(洋食)은 양손으로 먹는 것이 양식(洋食)이라는 말이 있다. 한식도 양식도 양손으로 먹는 습성이 좋지 않을까 싶다. 이제는 세계화 시대에 양손을 다 사용하는 양손잡이 시대가 왔는가 싶다.

 옛날 밥상머리교육에 빠지지 않는 게 왼손으로 수저를 잡으면 야단부터 먼저 맞는 것이었다. 왼손으로 숟가락 젓가락을 잡지 못하게 하였다. 형편이 어려운 시절, 부족한 음식을 함께 나누어 먹기 위해 식사 때만큼은 전 가족이 함께 모여 식사를 한다. 대가족이 함께 비좁은 방에서 두리반을 중심으로 다닥다닥 붙어 앉아 식사(食食)를 한다. 좁은 밥상에 함께 모여 식사를 했기 때문에 왼손으로 먹을 경우 옆 사람에게 불편을 준다. 그래서 왼손으로 수저를 사용 못하게 하였다. 자신의 자유스러운 행동이 남에게 피해를 준다는 배려의식(配慮意識) 교육을 일깨워 주는 것이 아닐까 싶다.

옛날 갓난아이에게 입히는 깃이 없는 저고리를 배냇저고리라 한다. 갓난아이를 왼손잡이가 아닌 오른손잡이로 키우기 위해 배냇저고리를 입힐 때 먼저 오른손부터 끼우고 다음 왼손을 끼운다는 옛이야기가 전해 오고 있다. 그 당시는 왼손잡이를 비하(卑下)하는 말은 없지만 오른손을 '바른손'이라고 부르고 오른쪽이 올바른 방향이라는 이미지를 심어 주었다.

옛날에 글쓰기와 수저 잡는 것은 오른손잡이로 했다. 며느리를 보았는데 왼손잡이인 며느리와, 오른손잡이인 며느리를 맞이했다. 두 명이 한집에 살다 보니 부엌 바가지가 양쪽으로 예쁘게 닳았다는 재미있는 이야기도 있었다.

오른손잡이가 열에 아홉 명이나 되지 않을까. 연장도

오른손잡이에 맞게끔 만들어져 있다. 왼손잡이는 세상을 살면서 많은 '잘못된 것'과 자주 마주친다. 풀을 베는 낫, 가위, 컴퓨터자판이나 마우스 등 다소 있다. 왼손잡이는 글씨를 왼쪽에서 오른쪽으로 쓰면 글자 위를 손바닥이 지나가면서 연필이나 덜 마른 잉크가 번지고 손에도 묻는 일이 많아 참 불편하였다. 지금은 필기도구가 좋은 게 많아 별 불편한 것을 모르고 산다. 그리고 모든 공간이 넓고 생활 자체가 여유롭다.

나는 양손을 다 사용하고자 노력한다. 숟가락은 왼손, 젓가락은 오른손으로 다 사용하니 한식도 먹고 양식도 먹는다. 왼손잡이는 우뇌(右腦)가 발달하고 오른손잡이는 좌뇌(左腦)가 발달한다는데 좌우 뇌를 같이 사용하면 좋지 않을까? 세계화(世界化) 시대에 동서(東西) 어디에 가나 양손을 다 사용하면 배는 굶지 않을 것 같다. 이제는 양손을 다 사용하는 양손잡이 시대가 왔는가 싶다.

* 義 (옳을 의) : 양(羊, 양 양)처럼 나는(我, 나 아) 착하게 옳게 살아야지. 의리(義理) 의무(義務) 의사(義士) 신의(信義)
* 지혜로운 아이 이야기
  옛날에는 중국이 이따금씩 무리한 요구를 해 와서 우리나라를

괴롭혔다.

'돌로 배(船, 배 선)를 만들어 보내라'는 것이었다. 임금님과 정승 판서들이 모두 걱정을 하였다. 임금님은 공조판서에게 대책을 세워 보고하라고 명령하였다. 공조판서는 걱정이 되어서 끙끙 앓고 있는 차에 열 살이 된 아들이 꼬치꼬치 물었다. 그 애가 하는 말이 "뭘 걱정을 합니꺼. '돌로 배를 만들어 놓았으니 모래로 밧줄을 만들어 보내면 끌고 가겠다.'고 하시면 됩니더."

공조판서는 임금님께 보고하고 중국에 즉시 답장을 보냈더니 그 후 여태까지 아무 일도 없었단다.

친구를 따돌림하면 나쁜 사람

　친구들과 놀다가 흔히들 친구를 따돌림을 시키는 경우가 있을 수도 있다. 하지만 서로 생각과 마음이 다르더라도 서로 이해하고 배려하며 사이좋게 함께 살아가야 되지 않을까? 그랬을 때 이 세상은 더욱 아름다워질 것이다.
　"너하곤 안 놀아.", "우리끼리 놀자!"라는 말로 남을 기분 나쁘게 집단으로 따돌리는 경우는 남을 고통스럽게 하는 비겁한 행동이다. 논어(論語)에 '자기가 원하지 않는 바를 남에게 베풀지 말라(己所不欲勿施於人 기소불욕물시어인)' 즉 자신이 하기 싫은 일은 남도 마땅히 하기 싫어할 것이기 때문에 남에게 강요해서는 안 된다는 말이었다.
　다른 사람과 함께 하면서 잘난 척한다거나 착한 척, 예쁜척하는 등 튀는 행동은 하지 말아야 한다. 사람이 겸손

(謙遜)하지 못하고 잘난 척하고 이기적(利己的)이며 자신(自身)의 생각만 주장(主張)하면 '개밥에 도토리' 신세(身世)가 될 수도 있다. 다른 사람에게 너그럽지 못하면 '모난 돌이 정 맞는다.'는 것처럼 눈총을 받거나 미움을 받게 될 수도 있다는 무서운 말이다. 항상 남을 존중하고 배려하고 자신을 낮추는 태도를 가져야 한다.

친구의 고통을 보고도 모른 척하는 사람이 있다. 그것은 아주 잘못된 태도이다. 따돌림을 당하는 것을 보고도 못 본 척하거나 묵인하는 친구들의 행동은 있을 수 없다. 자신의 일이 아니라고, 행여나 보복을 당할까 봐 강 건너 불 보듯 무관심해서는 안 된다는 것을 꼭 명심해야 할 것이다. 그것이 친구와의 우애(友愛)요 의리(義理)인 것이다.

생각이 다르다거나 겉모습이 다르다고 해서 따돌림을 하면 아주 나쁜 사람이다. '나뿐이다.'라고 생각하는 사람은 나쁜 사람이고 조화롭게 함께하는 사람은 참 좋은 사람이다. 서로 다른 사람들과 의좋게 살아갈 때 우리들이 사는 세상은 참 아름다워질 것이다.

착한 우리나라 청소년 친구들아 우리 함께 의좋게 지내자. 아름다운 삼천리금수강산(三千里錦繡江山)에 우리나라의 건국이념인 홍익인간 이화세계(弘益人間 理化世界:널리 인간 세상을 이롭게 하고 이치로써 세상을 다스린다.)의 깊은 뜻을 심어, 사람 사는 예의 바른 동방예의지국(東方禮儀之國)으로 세계 속에 우뚝 선 자유(自由) 대한민국(大韓民國)을 만들어보자.

* 往 (갈 왕) : 걸어서(彳, 걸을 척) 주인(主, 주인 주)한테 간다.
  왕년(往年), 왕래(往來), 왕복(往復)
* 話 (이야기 화, 말씀 화) : 말(言, 말씀 언)은 혀(舌, 혀 설)를 움직여 이야기하는 말씀이다. 화두(話頭), 화제(話題), 화술(話術)
* 柱 (기둥 주) : 나무(木, 나무 목)집의 주(主, 주인 주)된 것은 기둥이다. 전주(電柱), 주석(柱石), 원주(圓柱)

남 탓하기 전에 내 잘못은 없는가?

 세상, 살아가다 보면 성공한 사람도 있고, 실패한 사람도 있기 마련이다. 실패한 사람들의 공통점은 자기 잘못은 모르고 남의 탓으로 돌리는 경우가 많은 편이다. 공부도 잘하는 친구가 있는가 하면, 못하는 친구도 있기 마련이다. 못하는 친구가 있어야 잘하는 친구가 있지 않을까.

 '핑계 없는 무덤이 없다.'는 속담도 있지만 그렇다고 핑계로 남을 탓하면 안 된다. '잘되면 제 탓, 못되면 조상 탓' 자기의 잘못에 대해서 그 책임을 남의 탓으로 돌리고 원망하는 말은 무책임한 어리석은 사람이다. 청소년들이여 잘못된 경우에는 남의 탓으로 돌리지 말고, 잘못된 원인을 자기 자신에게서 찾아 고쳐 나가야 되지 않을까.

 기말고사 시험에서 점수를 낮게 받았다. 낮게 받은 학

생이 시험 문제를 너무 어렵게 냈다고 선생님을 탓하면 될까. 또 아침에 지각을 한 학생이 엄마가 깨워주지 않아서 지각을 했다고 엄마를 탓하면 될까. 모둠 친구가 준비물을 제대로 가져오지 않아서 결과물을 완성하지 못했다고 하는 경우도 그렇다. 공부를 제대로 하지 않았기 때문에 성적이 좋게 나오지 않았고, 엄마가 깨워주지 않아도 스스로 일어나 학교 갈 준비가 평소에 습관화되어 있어야 하고, 과제물 역시 마찬가지다. 남의 탓이 아니라 모든 걸 다 내 탓으로 돌려야 되지 않을까.

반구저기(反求諸己:잘못을 자기에게서 찾는다.)는 '어떤 일이 잘못되었을 때 무턱대고 남을 탓하지 말고 그 일이 잘못된 원인을 자기 자신에게서 찾아 고쳐 나가는 것이 중요함을 나타낸다.'라는 뜻이다.

허물이 있으면 남을 탓하기보다 자신에게서 잘못을 찾는 게 바람직할 것이다. 부모가 자기 자식이 더 나무랄 데 없기를 바란다면 부모가 나무랄 데가 없어야 할 것이다. 나의 행복은 바로 나로 인해 정해지는 것이다. 내가 먼저 솔선수범(率先垂範)해야 한다. 남 탓만 하게 되면 미래에 성공하기란 불가능하지 않을까?

* 恕 (용서할 서) : 같은 (如, 같을 여) 마음(心, 마음 심)이 되었을 때 용서하는 것이다. 용서(容恕), 서유(恕宥)
* 鰯 (멸치 약) : 고기(魚, 고기 어)가 어리고 약한(弱, 약할 약) 것이 멸치다.
* 篛 (죽순 약) : 대나무(竹, 대나무 죽)가 약한(弱, 약할 약) 것이 죽순이다.
* 妙 (묘할 묘) : 여자(女, 여자 여)가 젊으니(少, 젊을 소) 재주가 묘하다.

'여자가 선생님과 혼인하면 호칭은 사모(師母)님이 되고'
'여자가 도둑과 혼인하면 호칭은 도둑부인이 된다.'는 말이다. 그래서 젊은 여자가 재주가 묘하다는 말이다.

잘난 체하지 말자

 누구나 자신이 잘하는 것을 남에게 자랑하고 싶을 때가 있다. 또는 친구들이 나의 잘하는 점을 몰라주어서 때론 섭섭할 때도 있다. 하지만 친구들을 무시하고 자기 자신의 잘난 점을 시도 때도 없이 자랑만 한다면 주변 친구들은 칭찬은 커녕 시기(猜忌)와 질투(嫉妬)를 할 것이다. 칭찬과 존경(尊敬)을 받으려면 자신을 낮추어 겸손(謙遜)할 때 남들로부터 존경을 받지 않을까 싶다.

 대개 사람들은 남보다 앞서려는 심리(心理)가 작용한다. 그런데 자신보다 훌륭한 사람이 겸손한 자세로 임한다면 그를 인격적으로 더 우대(優待)하게 된다. 겸손하지 않고 자신의 위상(位相)을 높이고자 하는 사람이 있다면 오히려 다른 사람들로부터 멸시(蔑視)를 받지 않을까? 가치 있게 살아가는 연습이 필요할 것이다.

 '벼는 익을수록 고개를 숙인다.'는 속담이 있다. '벼'는 속이 꽉 찬 사람을 비유한 것이다. '벼가 익는다.'라는 것은 사람의 인격이나 지식(知識)이 높아진다는 것이다. 즉 이 속담은 교양(敎養)이 있고 수양(修養)을 쌓은 사람일수록 겸손하고 남 앞에서 자기를 내세우려 하지 않는다는 것을 비유적으로 말하는 것이다. 그래서 자신이 존경받고자 한다면 옛이야기에서 유래한 한자로 이루어진 고사성어(故事成語)들 중에 욕존선겸(欲尊先謙)이라는 성어가 있다. '욕존선겸(欲尊先謙)'의 '존경을 받고자 한다면 먼저 겸손해야 한다.'라는 뜻처럼 먼저 자신을 낮추어 겸손해진다면 남들로부터 존경(尊敬)을 받지 않을까.

* 修 (닦을 수) : 아득히(攸, 아득할 유) 흘러가는 물에 머리(彡, 터럭 삼)를 닦고 수양의 길로 들어선다. 수도(修道) 수교(修交) 수리(修理) 보수(補修) 수학(修學)
* 공자님 만나고 왔다는 훈장님 골탕 먹인 학동

  어느 날 시골 서당에서 꼬박꼬박 조는 학동이 있었다. 화가 난 훈장은 막대기로 탁자를 탁 치며 소리쳤다.

  "이놈 졸기만 하느냐?"

야단맞은 학동이 속으로 중얼거린다.

"훈장님도 졸면서…."

그리고 난 어느 날 오후 훈장이 꾸벅꾸벅 졸고 있는데 학동은 이때다 싶어 주먹으로 책상을 탁 치며 "훈장님도 조시네예." 했다. 체면이 깎인 훈장은 "나는 모르는 게 있어 공자님 만나러 갔다 왔다."고 둘러대었다. 이 솔직하지 못한 게 불씨가 되었다.

이튿날 학동이 졸다가 다시 훈장님에게 야단을 맞자 이렇게 말했다.

"예, 방금 공자님을 뵀는데 어제 훈장님은 안 오셨다고 그러십디더."

남에게 잘못했으면 사과하기

 부모들이 자식한테 가장 크게 바라는 것은 아무 탈 없이 건강하게 밝게 자라 주었으면 하는 바람이다. 그렇게 바라는바 부모들은 아이가 신나게 재미있게 관심을 갖고 마음이 가는 일들과 만나 성장(成長)해 주었으면 하는 희망(希望)이다. 그러나 성장하면서 자기의 잘못이 있는 것을 알면 바로 즉시 사과(謝過)할 줄 아는 용감한 아이로 자랐으면 좋을 것 같다.

 그런 가운데도 해서는 안 될 일도 더러 있을 수 있다. 아이들은 시근도 없고 철도 없어서 옳고 그릇됨을 아는 판단력이 부족한 편이다. 즉 세상 물정이, 캄캄한 어두운 밤길을 가는 것과 같을 것이다. 아이들은 아직 행동이나 말에 신중하지 못하기 때문에 자신도 모르게 잘못을 저지를 수도 있다.

아이가 행여 잘못을 저지르게 되면 부모는 여유 있는 마음으로 논리적으로 재미있게 잘못에 대한 주의를 심어 주어야 할 것이다.

"그렇게 말하면 안 돼."

"그렇게 행동하면 안 돼."

"그런 거짓말을 하면 안 돼." 등으로 '안 돼'로 시작해서 '안 돼'로 끝나면 '주의(注意)' 말씀에 지친 아이는

"세상에는 해서는 안 되는 일뿐이구나."라고 생각하면서 세상 물정에 그만 위축이 될 수 있지 않을까?

아이가 잘못을 저질렀을 때는 자기의 잘못을 알 수 있도록 쉽게 재미있게 설명해 주는 슬기로운 지혜가 필요하다. 아이가 커가면서 스스로 자신의 잘못을 알았을 때는 상대에게 잘못한 것을 먼저 사과부터 할 수 있도록 가르쳐야 서로 다정하게 지낼 수 있지 않을까 싶다.

잘못은 어른이나 아이나 누구나 할 수 있는 거다. 잘못했으면 먼저 사과를 하고 용서를 구해야 한다. 그렇게 함으로써 서로 간 사이가 좋아지고 기분이 상쾌해진다. 잘못을 인정하고 사과할 때 정의(情義: 인정과 의리)가 싹트고

우정(友情)의 꽃이 피어나지 않을까.

* 味 (맛 미) : 입(口, 입 구)으로 아니(未, 아닐 미) 익었나 맛을 본다. 味覺(미각)
* 注 (물 댈 주, 마음 쓸 주, 주의할 주) : 물(氵, 삼수 변, 물수 변)을 주인(主, 주인 주)이 마음을 써서 주의하면서 대준다. 주의(注意) 주입(注入) 주목(注目)
* 情 (사랑할 정, 뜻 정) : 마음(忄, 심방 변, '心'이 변에 쓰일 때의 글자)속에서 푸르게(靑, 푸를 청) 타오르는 사랑의 정. 정담(情談) 정보(情報) 다정(多情)

정직한 사람이 되자

 정직(正直)한 사람은 마음이 바르고 곧다. 그래서 자신의 눈으로 직접 사실을 판단하게 하는 것이 참 중요하다. 그것을 바로 알았을 때 판단하는 것이 정직이다. 거짓이나 꾸밈이 없이 성장하였을 때 그 아이는 정직한 사람이 되고 훌륭한 사람이 되는 것이다.

 정직은 일생에 보배다. 언제나 정직하게만 일을 한다면 실패가 없다는 말이다. 정직한 사람은 언제나 복(福)을 받다 보니 가족은 굶지 않고 항상 행복할 것이다. 거짓말하는 사람은 자기 자신의 입장에서 변명을 밥 먹듯이 한다. 자신의 말이나 행동이 여러 사람에게 피해를 주지는 않는지, 기분이 좋은 말인지, 정신없이 생각 없이 뱉어낸다. 그러하다가 보면 거짓말이 거짓을 낳는다. 그러면 거짓말쟁이가 된다. 거짓말쟁이는 부끄러워할 줄 모르니 사람(四 覽)이 아닌 인간(人間)이다.

이야기 한 토막, '정직한 나무꾼이 금도끼를 얻고, 이를 따라 하려던 욕심쟁이 나무꾼은 자신의 쇠도끼마저 잃게 된다.'는 내용이다. 〈한 나무꾼이 나무를 하다 실수로 도끼를 연못에 빠뜨렸는데, 백발노인이 금도끼·은도끼를 들고 나타나 이것이 네 것이냐고 묻는다. 나무꾼은 자신의 도끼는 낡은 쇠도끼라고 정직하게 대답하자 감동한 백발노인이 세 도끼 모두 나무꾼에게 주었다. 그런데 이를 듣고 따라 하려던 욕심쟁이 나무꾼은 백발노인에게 금도끼·은도끼 모두 자신의 것이라고 대답하여 백발노인의 노여움을 사게 된다는 내용의 설화〉에서 '정직'이 중요하다는 것을 강조하였다.

아이를 키울 때는 옳고 그름을 판단할 줄 아는 아이로 키워야 할 것이다. 그렇게 자란 아이는 정직한 아이가 될 것이다. 사람마다 살아가는 생각과 견해(見解)가 다르다는 것을 우리 아이들에게 가르쳐줘야 한다. 아이들은 서로 부딪치면서 협동심(協同心)과 우애(友愛)를 배우면서 자란다. 아이들은 자라는 과정에서 자기주장이 대체로 강한 편이다. 자기주장을 하더라도 올바른 주장을 해야 한다. 자기 자신의 생각과 바라는 것을 확실하게 말할 수 있어야 한다. 그런 아이는 남의 말에도 관심을 갖고 귀 기울여 들을 줄 알 것이다. 남을 속여서 이기는 것보다 차라리 지는 게 낫지 않을까. 정직한 경쟁은 어느 경우에서든 정정당당(正正堂堂)한 자신감을 갖게 될 것이고, 어떤 상황에서도 빛을 잃어버리지 않을 것이다.

우리 아이들에게 언제나 바른 생각과 노력(努力)의 중요성을 가르쳐야 되지 않을까 싶다. 서로 경쟁(競爭)을 하거나 맞서서 대결을 할 때 지더라도 크게 기분 나빠하지 않을 것이다.

사람이 살아가는 이치는 정직이다. 청소년들이여 자기 자신에게 우리 모두 정직하면 우리는 모두 정직한 사회에서 행복하게 살아갈 것이다.

* 直 (곧을 직) : 열(十, 열 십) 사람의 눈(目, 눈 목)을 숨길(ㄴ, 숨길 혜) 수 없는 것이니 곧게 살아야 된다. 직언(直言) 직접(直接) 정직(正直)
* 福 (복 복) : 신(示, 귀신 시, 보일 시, 제단 시)이 한(一, 한 일) 식구(口, 인구 구, 입 구, 말할 구)에게 밭(田, 밭 전)을 내려주니 복이다. 행복(幸福) 복지(福祉)
* 努 (힘쓸 노) : 여자(女, 여자 여)가 또(又, 또 우) 힘(力, 힘 력)을 쓰노. 노력(努力)

시간은 천금千金이다

때를 놓치지 말아야 한다. 지나간 시간은 다시 오지 않는다.

아침과 저녁에 이르고 늦음을 봐서 그 사람의 집이 흥(興)하고 쇠(衰: 약해지다)하는 것을 알 수가 있다. 아침에 늦잠을 자고 늦게 일어나거나 학교 갈 준비 외에 다른 것에 신경을 쓰다가 학교에 지각을 하는 경우가 더러 있을 수 있다. 한번 잃어버린 시간은 다시 오지 않는다고 했다. 일각천금(一刻千金)이라는 말이 있다. 일각(一刻)은 15분을 말한다. 15분이라도 가치가 있는 시간이기 때문에 천금(千金)과도 같다는 말이다. 그래서 아침 시간을 헛되이 보내지 말고 소중하게 여겨야 한다는 말이다. 아침에 일찍 일어나서 부지런하게 움직이면서 시간을 아껴 쓰면 삶이 성공할 수 있지 않을까.

만약에 학교나 직장에 지각을 하게 된다면 쓸데없이 자신의 잘못을 변명하지 말고 시인(是認: 옳다고 인정함)하여 자기 자신의 잘못을 고쳐야 할 것이다. 논어에 '허물이 있으면 고치기를 꺼리지 말라'는 말이 있는데 자신이 지각을 하고 잘못인 줄 알면서도 어물쩍거리며 고치지 않는다면 그것이 바로 진짜 잘못이라고 할 수 있다. 자신의 잘못을 인정하고 두 번 다시 되풀이하지 않겠다는 마음과 생각을 가지는 태도가 중요하지 않을까 싶다.

누구에게나 귀중한 시간은 다 주어진다. 그 시간을 어떻게 지혜롭게 사용하는가에 따라 천금(千金) 같은 시간이 될 수 있다. 삶의 성공은 시간의 소중함을 알았을 때 이루어진다.

* 慈(사랑할 자, 어머니 자) : 검게(玆, 검을 자) 타도 마음(心, 마음 심)이 변치 않는 어머니의 사랑.
* 領(거느릴 령, 우두머리 령) : 명령(令, 하여금 령, 명령할 령)하는 머리(頁, 머리 혈)니 우두머리요, 우두머리는 부하를 거느리는 것이다.
* 根(뿌리 근) : 나무(木, 나무 목)가 머물러(艮, 머무를 간) 서 있는 것은 뿌리 때문이다.

갓을 쓰고 다니는 조선인

우리나라의 기독교 선교 초기, 조선에 온 미국인 선교사가 보니 양반들이 모두 머리에 갓을 쓰고 다녔는데, 그 모습이 하도 신기하여 한 유식한 양반에게 질문하였습니다.

"그 머리에 쓴 것이 무엇이오?"

"갓이요."

"아니 갓이라니… 갓(God)이면 하나님인데, 조선 사람들은 항상 머리에 하나님을 모시고 다닌단 말이 아닌가? 그렇다면 하나님의 영이 이미 그들에게 임했다는 것인가?"

선교사가 궁금하여 또 물었습니다.

"그러면 이 나라의 이름이 무엇이오?"

양반은 한자로 글자를 써서 보이며 대답합니다.

"朝鮮(조선)이요! [아침(조) 朝 + 깨끗할(선) 鮮] 이렇게 씁니다."

라고 대답했습니다. 그 선교사는 더욱 깜짝 놀라

"조용하고 깨끗한 아침의 나라, Morning calm의 나라란 말이 맞는구나."

라고 생각하면서 조선의 '朝(조)' 자를 풀이해 달라고 하였습니다.

양반은 천천히 글자를 쓰면서 대답했습니다.

"먼저 十(십) 자를 쓰고 그 밑에 낮이라는 뜻의 해 日(일) 자를 쓰고, 또 十(십) 자를 쓰고 그 곁에 밤이라는 뜻의 달 月(월) 자를 씁니다. 이렇게요."

십자가(十) 해 일(日)

십자가(十) 달 월(月)

선교사는 놀라서 중얼거렸습니다.

"낮(日)에도 십자가(十), 밤(月)에도 십자가(十), 하루 종일 십자가와 함께 살고 있다는 뜻이구나."

그리고 또 말했습니다.

"鮮(선) 자도 풀이해 주시오."

"물고기 어(魚) 옆에 양(羊) 자를 씁니다."

선교사가 다시 놀라며 말했습니다.

"물고기는 초대 교회의 상징인 '익투스'로, '예수 그리스도 하나님의 아들'이라는 신앙고백이고, 또 羊(양)은 '하나님의 어린 양'이니 鮮(선) 자는 완전히 신앙고백을 의미하는 글자입니다."

선교사는 감탄하며 말하길

"朝鮮(조선)이라는 나라는 이름부터가 낮이나 밤이나 십자가와 함께 생활하며 '예수 그리스도는 하나님의 아들이요, 우리의 구주이신 어린 양'이라는 신앙 고백적 이름을 가지고 있구나. 조선은 하나님께서 예비해 두신 복음의 나라가 틀림없습니다."

또 한 번 감탄하며 선교사가 계속해서 질문하였습니다.

"조선 사람을 영어로 어떻게 씁니까?"

"Chosen People(조선 피플)이라고 씁니다."

"와우! 선택된(Chosen) 사람들(People), 조선은 과연 동방의 선민(選民)입니다. 조선인은 하나님(God)을 머리에 이고 다니며 낮이고 밤이고 십자가와 함께 살아온 깨끗한 아침의 나라 천손민족입니다."

이 이야기는 누구의 작품일까요? 의도적으로 지어내었다 해도 놀랍고 사실을 있는 그대로 기록한 것이라 해도 예사롭지가 않습니다...

오늘날 기존 대한민국 역사의 잘못된 오류를 바로잡고자 하는 적극적인 시도가 여러 곳에서 불 일 듯 일어나고 있습니다.

삼국시대 고구려 백제 신라의 영토가 현재 중국의 중원에 걸쳐서 폭넓게 존재했었다는 빼박(일이 몹시 난처하게 되어 그대로 할 수도 그만둘 수도 없음. '빼도 박도 못하다'를 줄여 이르는 말이다.) 증거가 소름이 돋을 정도로 명백하게 밝혀지고 있습니다. 무슨 엉뚱한 주장이냐고 생각되시겠지만 사실인 것을 어찌하겠습니까?

우리 선조들의 위대했던 역사적 진실이 백일하에 드러날 그때를 기대하셔도 좋습니다.

현재 정치나 사회적 상황이 어렵더라도 힘을 내어 지혜롭게 대처하여 극복합시다.

2023. 01.

통일정책연구원

이동재 편집

바다 같은 부모 사랑

 바다는 겸손한 마음으로 지구에서 제일 낮은 곳에 있다. '바다'라는 말은 어떻게 지어졌을까? 모든 물을 다 받아 준다고 '바다'라 하였는가? 맑고 깨끗한 물, 더러운 물, 흙탕물, 폐수(廢水) 처리된 배수(排水), 오수(汚水), 빗물 등의 물을 다 받아 주는 곳이 바다다.

 물은 겸손함의 대명사다. 제일 낮은 바닥에 있다고 '바다'라 하는가? 바다가 이 세상의 모든 물을 다 받아들일 수 있는 것은 자신을 가장 낮은 곳에 두고 있는 겸손한 마음 때문이다. 이 세상에서 제일 큰 입을 가진 것도 바다다. 이 세상 모든 물을 다 받아들일 수 있기 때문이다. 그렇다고 입 찢어졌다는 말 들은 적 없소이다. 마침내 대해(大海)에 이른다. 바다는 많은 물이 모인 곳을 말한다. 바다는 지구 표면의 약 70%를 차지하고 있다고 한다.

 부모님은 바다처럼 넉넉하고 지혜로운 마음을 가지신 분이다. 모든 것을 받아 안고 쏟아내신다. 부모님의 자식 사랑은 바다처럼 깊고 넓고 끝이 없다. 부모님의 마음은 바다처럼 부자다. 바다는 하늘도 가지고, 배도 가지고, 갈매기도 가지고, 오만가지 고기도 다 가지고, 해도 가지고, 달도 가지고, 별도 가지고, 구름도 가지고, 바람과 장난도 치며 놀기도 한다. 바다는 부자다. 부모님의 자식 사랑도 부자다. 너그럽게 감싸 주시고 받아주시고 모든 것을 다 포용(包容)해 주시니까.

 부모님은 내 몸을 낳아 키워 주시고, 배로써 나를 품어 주시고, 젖으로써 나를 먹이시며, 옷으로서 나를 따뜻하게 해 주시고, 음식으로서 나를 배부르게 해 주셨다. 은혜(恩惠)가 넓기는 바다와 같고 은덕(恩德)이 깊기는 바다보다 더 깊다. 사람의 자식 된 자로서 어찌 부모님께 효도를 다하지 않으리오.

 부모님께 근심 걱정을 끼쳐 드리지 않는 게 효(孝)다. 신체는 부모님으로부터 받은 것이니 감히 다치지 않게 해야 한다. 학문을 열심히 배우고 익혀 사회에 공헌하는 아름다운 모습을 부모님이 보았을 때 기쁘지 않겠는가. 그것이 바로 효가 아닐까. 부모님의 말씀을 잘 들어야 하고 부모님의 말씀에 성내지 말고 말대꾸를 하지 말아야 자식으로서의 도리가 아니겠는가. 부모님의 마음을 편하고 기쁘게 해드리는 것이 효도다.

청소년들이여 부모님을 잘 섬겨야 한다. 착한 일을 하는 사람에게는 하늘에서 복을 주신다고 하였다. 바다처럼 서로 가리지 않고 몸을 섞으며 사이좋게 지내고, 바다처럼 깊고 넓고 끝이 없는 겸손하고 어진 사랑은 부모님의 마음과 같지 않은가.

* 海(바다 해) : 물(氵, 물수 변)이 매양(每, 매양 매) 있는 곳은 바다다.
* 鳩 (비둘기 구) : 구구구(九, 아홉 구) 노래하는 새(鳥, 새 조)는 비둘기다.
* 食 (밥 식, 밥 사, 먹을 식) : 사람(人, 사람 인)이 좋아하는(良, 좋을 량) 것은 밥이고 먹는 것이다.

물 같은 삶

 물렁물렁하다고 '물'이라 했는가? 물 없이는 동식물들이 생존하지 못하는 아주 소중한 것이다. 물은 욕심이 없다. 이렇게 소중해도 단 한 번도 생색을 내지 않는 물이다. 물과 같은 삶을 살아야 되지 않을까 싶다.

 물은 자기가 없다. 둥근 그릇에 담으면 둥글게 되고, 네모진 그릇에 담으면 네모진 모습이 된다. 그러나 그 고유의 성질이나 본바탕은 어떤 경우에도 변하지 않는다. 물은 평소에는 잔잔하고 수평을 유지하지만 한번 일어서서 움직이면 당해낼 장사가 없는 무서운 존재이다.

 동양(東洋)의 성자(聖者)라고 일컫는 노자(老子)는 "최상의 선(善)은 물과 같이 하라"는 뜻의 상선약수(上善若水)라는 말을 남겼다. '흐르는 물은 앞을 다투지 않는다.'는 말이 유수부쟁선(流水不爭先)이다. 흐르다 막히면 말없이 돌아서 간다. 가다가 너무 낮은 곳이 있으면 채워주고 다시 넘쳐 흘러간다. 사람들은 높은 곳을 쳐다보는데 물은 낮은 곳으로 더 낮은 곳으로 흐른다. 세상의 가장 낮은 곳, 민초(民草)들의 아픔이 있는 곳, 소외된 사람들의 고통이 있는 곳으로, 흐르는 물처럼 우리 모두 함께 살아야 되지 않을까.

물은 순수(純粹)하여 깨끗함이요 생명의 원천(源泉)이다. 모든 더러움을 씻어내는 청결(淸潔)이요, 항상 낮은 곳으로 흐르니 겸손(謙遜)이다. 그리고 함께 손잡고 큰 바다를 이루니 단결(團結)이다. 물은 쉬지 않고 흐르니 노력(努力)이요 물은 장애물이 있으면 비켜 가니 양보(讓步)하는 것이다. 흐르는 물은 앞을 다투지 않으니 질서(秩序)가 있는 것이다. 또한 물은 항상 평등(平等)하다. 아무렇게나 부어도 물은 스스로 균형을 잡고 평형(平衡)을 이룬다. 물은 자기들 간에 높고 낮고 다툼 경쟁(競爭)이 없다. 오색(五色)의 물이라도 서로 잘 섞이어 화목(和睦)하게 지낸다.

물과 같이 산다는 게 바로 사람답게 사는 삶이다. 덕(德)을 쌓는 것이 바로 사람답게 사는 행복의 길이다. 그리고 가장 소중한 사람은 바로 곁에 있는 가족이다. 언제나 서로 사랑하고, 서로 돕고, 서로 존중하며, 신뢰하는 가족이 되었으면 한다. 정이 넘치는 따뜻한 마음이 가득하고, 지혜(智慧)와 복덕(福德)은 나날이 빛이 나고, 사랑과 행복의 밧줄이 더욱 튼튼한 가족의 끈이 되고 사회의 끈이 되었으면 한다. 늘 부모님께 잘할 때 아름다운 효(孝)의 꽃은 더욱 곱게 피어날 것이다. 형제간에 우애하고 가족 간에 화목할 때 인정(人情)의 꽃밭이 더욱 다채롭게 수놓아지지 않을까 싶다. 모든 일에 감사할 줄 알고 물처럼 소리 없는 나눔과 베풂으로 살아간다면 그것이 바로 사람답게 사는 삶이 아닐까. 사랑은 흐르는 물에도 뿌리가 내린다고 하였습니다.

* 善(착할 선) : 양(羊, 양 양)은 풀(艹, 풀 초)만 입(口, 입 구)으로 먹는 착한 동물이다.
* 溫(따뜻할 온) : 물(氵, 물수 변)을 그릇(皿, 그릇 명)에 담아두면 햇볕(日, 해 일)에 온도가 따뜻해진다.
* 安(편안할 안) : 집(宀, 집 면) 안에 있는 여자(女, 여자 여)는 편안하다.

반포지효 反哺之孝

 반포지효(反哺之孝)라는 말이 있다. '까마귀 새끼가 자란 뒤에 늙은 어미에게 먹이를 물어다 주는 효성(孝誠)'이라는 뜻이다. 즉 자식이 자란 후에 어버이 은혜를 갚는 효성을 말한다. 까마귀 시근보다 못한 세상이 올까 걱정스럽다. 부모님을 존경하고 근심 걱정을 끼쳐드리지 않는, 효자가 되도록 최선을 다합시다.

 자식이 부모를 섬기는 것은 그 공경을 다하는 것이다. 부모님을 받들어 모심에는 즐거움을 다하여야 하고, 병환이 있으시면 근심을 다하여 보살펴야 할 것이며, 돌아가시면 슬픔을 다하여야 하며, 제사를 지낼 때는 정성을 다하여야 할 것이다.

 효의 실천에는 가장 중요한 것이 공경하는 마음이다.

마음에서 나오는 정성과 진심으로 부모님의 마음을 걱정 없게 해 드려야 할 것이다. 형제간에도 사이좋게 지내는 모습이 부모님께 효도하는 것이다.

'피는 물보다 진하다'라는 말처럼 형제가 가끔 다투다가도 남과 다툼이 있을 때에는 형제 편을 드는 것이 일반적인 모습이다. 그러나 장가를 들고 가족이 생긴 후에는 자기 가족만을 위한 이기심으로 부모님의 유산 분배 문제로 의좋은 형제간에도 다툼이 벌어지는 경우도 다소 있다. 또는 형제가 힘을 합쳐 어려운 집안을 일으키거나 서로 힘을 모아 사업을 성공한 집안도 있다. 서로 간에 소중함을 알고 형제간에 사이좋게 지내도록 해야 되지 않을까. 모두 마음 모아 부모님 은혜에 보답하며 가문을 빛내고, 부모님께 근심 걱정을 끼쳐드리지 않는 것이 부모님께 효도하는 것이 아닐까.

* 孝(효도 효) : 늙은(耂, 늙을 로) 부모를 아들(子, 아들 자)이 업고 있으니 효도하는 것이다.
* 道(도리 도, 길 도): 으뜸(首, 으뜸 수, 머리 수)으로 삼고 가야(辶, 뛸 착) 할 도리요 길이다.
* 哺(먹일 포, 씹어 먹을 포): 입(口, 입 구)을 크게(甫, 클 보) 벌리고

음식을 씹어 먹는다.

* 할아버지 배 위의 구렁이를 유인한 아이 이야기

옛날에 할아버지가 무더운 삼복 날씨에 시원한 느티나무 밑에서 낮잠을 자고 있었다. 그런데 어디서 기어왔는지 커다란 구렁이 한 마리가 할아버지 배 위에 올라가 똬리를 틀고 있었다.

옆에서는 일곱 살 먹은 손자가 놀고 있었다. 그런데 손자가 놀라 호들갑을 떨 만도 한데 아무 소리도 안 하고 도랑 쪽으로 뛰어 갔다.

잠에서 깬 할아버지는 "자가, 이 구렁이를 쫓을 생각은 안 하고 어딜 가는 거야?" 하고 있는 차 손자가 개구리를 잡아다 구렁이에게 던져 주었다. 놀란 개구리가 펄쩍펄쩍 뛰어 달아나니깐 구렁이가 스스로 똬리를 풀고 개구리를 잡아먹으려고 쫓아갔다. 침착하고 지혜로운 손자는 이렇게 할아버지를 구했고 그 후 큰 인물이 되었단다.

벗은 친구(親舊)다. 벗은 순수 우리말이고, 친구는 한자어(語)다. '벗'이란 '벗다'에서 온 말이란다. 벗고 벗어 또 벗어 홀랑 다 벗어 벗을 게 없을 때, 그때 만나는 사람이 곧 벗이란다. 부끄러움 없이, 거짓 없이, 꾸밈없이 정직하게 다 털어 놓고 이야기할 수 있는 사람이 벗이 아닐까. 그런 벗이 한 두 명만 있어도 인생 잘 사는 것이라 하였던가?

붕우유신(朋友有信)은 오륜의 하나로 '벗과 벗 사이에는 신의(信義)가 있어야 한다.'는 말이다. 벗과의 사이에는 믿음이 참 중요한 것이다. 그리고 심성(心性)이 곧고 견문(見聞)이 많고 정직한 사람이 도움이 되는 유익한 벗이 아닐까. 그리기 위해서는 나 자신이 먼저 변해야 그런 사람을 만날 수 있지 않을까 싶다.

친구를 얻는 유일한 방법은 자진해서 내가 친구가 되어 주는 것이다. 친구와 사귀는 데는 모름지기 남의 어려운 사정이나 딱한 형편을 도와주기 위하여 자기를 희생하려는 의로운 마음이다. 강자를 누르고 약자를 도와주는 그런 마음이 있어야 하는 것이다. 친구의 좋은 점을 발견할 줄 알아야 한다. 그리고 친구를 칭찬할 줄도 알아야 한다. 그것은 친구를 자기와 동등한 인격으로 생각한다는 의미를 갖는 것이다.

 태양처럼 밝아서 '나', 울타리 치고 닫으면 '남'이 된다고 하였다. 사람은 누구나 태양처럼 밝은 본성을 지니고 있다. 고대어에서 태양을 뜻하는 소리는 '라'였다고 한다. '라'는 높다는 뜻으로 쓰였다. 자기 자신을 일컫는 '나'는 '라'에서 비롯했다고 한다. 수많은 '나'가 모여 사는 땅을 '나라'라고 하였단다. 태양처럼 밝은 '나'일지라도 내가 주변에 울타리를 치고 스스로 닫아버리면 그 순간 주변 사람은 모두 '남'이 되고 만단다. '남'이란 글자는 '나'를 □(에워쌀 위)로 에워싼 모양이다. 나를 열어 놓으면 모든 것들과 연결된 속에서 소통이 일어나지만 이기적인 나에게 갇히면 모든 것이 단절되어 남남이 되어버리는 것이다. 현대 사회를 사는 사람들의 단절감과 소외감이 어디서 비롯하는지를 '나'와 '남'이라는 글자 속에서 볼 수 있다. 세상에 그 누구도 나와 아무 상관없는 남일 수가 없다. 상대를 남으로 규정하고 자기만 옳다고 주장하는 것은 '나쁜' 사람이 아닌가. 상대방을 '태양(太陽)처럼 밝은 나'로 볼 수 있다면 틀림없이 서로 어우러지는 사이가 되지 않을까 싶다.

우정을 지키는 것은 새 친구를 사귀는 것보다 소중하다. 친구를 꽃처럼 물도 주고 거름을 주어야 우정의 싹이 돋아나지 않을까? 어려울 때 함께하는 벗이 참 벗인데 나도 그런 벗이었나 생각해 볼 일이다. 오로지 벗 사이는 신의(信義)가 자산(資産)이다.

* 親(어버이 친) : 서(立, 설 립) 있는 나무(木) 꼭대기까지 올라가 자식이 왜 오지 않나를 보고(見, 볼 견) 있는 어버이
* 信(믿을 신) : 사람(亻, 사람 인)의 말(言, 말씀 언)은 신용이 있어야 하고 믿음이 있어야 한다.
* 篤(도타울 독) : 죽(竹, 대 죽) 마(馬, 말 마) 고우(故友)는 정(情)이 도탑다.

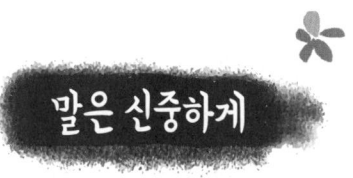
말은 신중하게

 사람이 대화(對話)할 때 신중(愼重)하게 말을 하지 않고 경솔(輕率)하게 이야기할 때도 있다. 말은 도리(道理)에 맞게 해야 하는데 그렇지 못할 경우는 말을 안 한 것만 못하다. 그러하니 부모님과 선생님 여러 어른과 친구 간에 이야기할 때는 삼사일언(三思一言)의 사자성어와 같이 '세 번 생각하고 한 번 말하는 게' 말로 인한 실수(失手)가 적을 것이다.

 말은 입과 혀에, 재앙(災殃)과 근심의 문이 될 수 있고, 또 몸을 망치는 도끼와 같다는 말이 있다. 한번 한 말은 주워 담을 수 없기 때문에 되는 대로 경솔하게 함부로 말을 해서는 안 된다. 신중하게 생각하여 말하는 것이 좋지 않을까 싶다.

칼이 낸 상처는 시간이 가면 아물지만, 말이 낸 상처는 평생 남을 수 있다. 말을 마구 하다 보면 남에게 상처를 주고 자신도 깊은 상처를 입을 수 있다. 세상을 살아가다 보면 하고 싶은 말이 참 많다. 그렇다고 하고 싶은 말을 다 할 수는 없다. 말을 하지 말아야 할 때는 좀 참을 줄도 알아야 한다. 가급적으로 말을 할 때는 삼사일언(三思一言)의 마음으로 매우 조심스럽게 생각한 후(後)에 말을 함이 옳지 않을까 싶다.

말도 간단하고 요령이 있게 아주 또렷하게 하고, 불필요한 말은 하지 말고 사물의 중심이 되는 요긴(要緊)한 부분만을 간결(簡潔)하게 말하는 연습(練習)을 해야 되지 않을까.

공자님께서는 제자들에게 '선사후언(先思後言) 선사후행(先思後行) 삼사일언(三思一言) 삼사일행(三思一行)'을 강조하셨다. '먼저 생각한 다음에 말하고, 먼저 생각한 다음에 행동하고, 세 번 생각한 다음에 한 번 말하기, 한 번 행동을 하더라도 세 번을 생각하라'고 하셨다.

늘 명심하면서 감정적인 말이 나오지 않도록 하기 위해서는 항상 공자님의 말씀을 되새겨 봅시다. 여유 있는 가운데 생각을 깊게 해서 남과 이야기합시다.

* 愼(삼갈 신) : 마음(忄, 마음 심, 심방 변)을 참(眞, 참 진)되게 하기 위해 삼가한다.
* 思(생각 사) : 올해의 밭(田, 밭 전)농사는 무엇으로 할까 마음(心, 마음 심)속으로 생각한다.
* 後(뒤 후) : 걸어 갈(彳, 조금 걸을 척, 두인 변) 때 어린(幺, 작을 요) 아이들은 서서히(夂, 뒤져올 치) 어른 뒤에서 후 하며 쫓아간다.
* 動(움직일 동) : 무거운(重, 무거울 중) 것을 힘(力, 힘 력)써 들어 올리니 움직인다.
* 輕(가벼울 경) : 수레(車, 수레 거)는 물줄기(巠, 물줄기 경)처럼 가볍게.

할매! 손잡고 가자

 해는 구름 속에 숨었는지, 아침에 나온 그 집으로 갔는지, 다른 집으로 갔는지 어두컴컴하다. 비는 올 낀지 말 낀지 가뭄에 콩 나듯 한다. 안경 너머 유리에 부딪히는 것을 보니 뭐가 오기는 오는 듯하다. 건강(健康)하게 살라고 걷기 운동을 야무지게 보폭을 넓게 디디며 걷고 있는데, 마주 오는 분들의 아름다운 모습에 난 발걸음을 멈추었다.

"할매 우산 내가 두 개 들고 가께."

"무거울 낀데."

"괜찮다."

 작은 우산 두 개가 네댓 살 먹은 사내아이의 고사리 같은 왼손에 가득하였다. 할매의 왼손을 보고 오른손을 내밀며

"할매! 손잡고 가자."

"오냐 그래 우리 강생이."

나와 반대 방향으로 서서히 멀어졌다. 그 모습이 너무 아름다웠다. 할머니에게 말벗이 되어 드리고 기쁘게 해드리는 효(孝)스러운 모습에 인성교육 강사로서 어른으로서 감사의 감동을 받았다. 할머니를 모시고 가는지 할머니가 손자를 데리고 가시는지 영화의 한 장면 같았다. 손자가 할머니에게 손끝에 정(情)을 나누고 혀끝에 정(情)을 나누는 아름답고 행복한 모습에 세상은 더 예뻐 보였다.

가정에서 밥상머리 교육이 잘된 아이인 것 같다. 할매의 무거운 짐을 받아 들 줄 아는 존경(尊敬)의 마음, 배려(配慮)의 마음, 어른에게 예를 갖추는 공경(恭敬)의 마음, 누군가에게 기쁨을 주는 꽃 같은 마음을 가진 아이가 꽃처럼 예뻐 보인다.

할매! 손잡고 가자.

* 健(건강할 건) : 사람(亻, 사람 인)이 꼿꼿하게 서(建, 세울 건) 있으니 건강한 것이다.
* 尊(높을 존) : 두목(酋, 두목 추)에게 말 한마디(寸, 마디 촌)도 높여

존댓말을 한다.
* 敬(공경 경) : 진실(苟, 진실로 구)하게 살라고 아버지가 꾸짖으면서 때리고 때려도(攵, 칠 복) 나는 아버지를 공경한다.
* 恭(공손할 공) : 함께(共, 함께 공) 공존하기 위해 마음(忄, 마음 심) 속으로 웃어른을 공손히 받들어 공경한다.
* 마음 심(心) 자가 변에 쓰일 때는 글자 모양이 '忄'으로 되고, 발에 쓰일 때는 '㣺'으로 변형되어 쓰이기도 한다.
* 마음 심(心)은 사람의 심장 모양을 본뜬 것이다. 옛날 사람들은 정신이 가슴에 있다고 생각했기 때문에 "마음"이란 뜻이 되었다.

매사에 자신감을 갖자

'고기는 씹어야 맛이 나고, 말은 해야 맛이 난다.'라는 속담(俗談)이 있다. 그 말은 무슨 할 말이 있으면 마음속에만 두지 말고 속 시원하게 털어 놓으라는 말이다. 다른 사람의 눈치를 보지 말고 자신의 판단에 자신감을 가지고, 하고 싶은 말을 하도록 하자.

가보지 않은 처음 가는 길에 대한 두려움은 누구나 가지고 있다. 하나를 선택하고자 마음먹었으면 그대로 밀고 나아가고 그에 대한 결과도 자기가 책임질 줄 알아야 한다. 다른 사람이 내 인생을 대신 살아주는 것도 아니다. 내 인생의 주인은 나다. 마음을 단단히 먹고 새로운 것에 도전하고 참여하도록 해야 한다.

고민만 자꾸 하다가는 아무것도 못 한다. 기회를 놓치

기 전에 용기를 갖고 도전해 본다. 내가 이런 말을 하면 상대방이 어떻게 반응할지 지레 겁을 먹지 말고, 좋은 게 좋다는 식으로 가만히 있기보다는 스스로 생각하고 행동할 수 있도록 씩씩하게 용기를 가지고 싸워보는 것도 괜찮지 않을까 싶다.

자기 자신의 생각과 마음을 말이나 행동으로 표현하지 않으면 어떤 생각과 마음을 갖고 있는지 상대방은 모른다. 아무리 좋은 생각을 갖고 있어도 말하지 않으면 아무도 모른다. 자기가 알고 있는, 쉽고 자신 있는 것부터 용기를 내어 말하면서 시작해 보는 것은 어떨까.

명심보감에 '쓸데없는 생각은 오직 정신을 상하게 할 뿐이고, 함부로 하는 행동은 도리어 재앙을 불러올 뿐이다.'라는 말씀이 있다. 지나친 생각은 정신을 해치고 분별없는 행동은 재앙을 초래한다는 말이다. 정당한 용기는 모든 것에 승리할 수 있다. 자신의 판단에 자신감을 갖고 도전하자.

* 雲(구름 운) : 비(雨, 비 우)가 올 것이라고 말(云, 말할 운, 이를 운)하여 주는 것이 구름이다.

* 曇(흐릴 담) : 구름(雲, 구름 운)이 해(日, 해 일)를 가리니 흐리다.
* 明(밝은 명) : 해(日, 해 일)와 달(月, 달 월)이 만나니 밝다.
* 병풍 속 호랑이를 잡겠다는 아이

  신동이라 소문 난 여섯 살 아이가 있었다. 이 소문을 들은 고을 사또는 한번 시험해 보려고 아이를 불렀다.

  "네가 그리도 영특하다며! 그럼 내 뒤에 있는 병풍 속 호랑이도 잡을 수 있겠느냐?"

  너무나 뜻밖의 질문을 받은 아이가 사또를 한참 빤히 쳐다보다가 대답했다.

  "예 할 수 있습니더."

  아이는 쫄랑쫄랑 밖으로 나가더니 어디서 구했는지 밧줄을 끌고 들어와 말했다.

  "사또 나리, 어서 병풍 속 호랑이를 쫓아 내이소. 제가 옭아맬 테니까요."

지름길

 지름길은 질러가서 가까운 길이고, 둘림길은 빙 둘러서 가는 길이라 먼 길이다. 돌고 돌아가는 길이라 돌림길이다. 둘림길도 돌림길도 표준말로 하면 어떨까? 고개를 갸우뚱해 본다. 하지만 지름길의 반대말은 처음 접해보는 말인 '에움길'이라고 폰 속에서 안내해 주었다. 국어사전을 뒤져보니 '굽은 길'이라고 설명하며 얌전하게 자리 잡고 있었다. 지름길의 반대말은 에움길이다. 지름길은 종종길이라고도 한다. 지름길은 거리도 가깝지만 또 빨리 걷는 길이기도 하다는 말이다. 우리 아이들 제대로 알고 사용했으면 참 좋겠다.

 경상도 표준말에 기름을 '지름'이라고 말한다. 지름(기름)길에는 지름(기름)이 있어 미끄러질 수도 있고 미끄러워 넘어질 수도 있다. 조심조심해야 되지 않을까 싶다.

 국도는 에움길(둘림길)이고 고속도로는 지름길이다. 국도는 굽은 길 따라 이 동네 저 동네 쉬어가면서 동네 인심도 맛보고, 굽이굽이 돌면서 아름다운 강산도 눈요기하고, 흐르는 물소리에 귀가 즐거워 장단을 맞추고, 맑은 공기에 콧노래가 나온다. 이목구비(耳目口鼻)가 신나는 여유 있는 삶의 길이 국도 에움길이다.

 세월에 밀려 무궁화호는 에움길로 달리고 KTX는 지름길로 달린다. 무궁화호는 동네방네 여유 있는 삶을 사는 사람들을 만나고, KTX는 바쁜 삶을 사는 사람들을 만난다. 무궁화호 열차는 60년대 초특급열차로 화려하게 등장하여 지름길을 달렸다. 그 당시 에움길을 달리는 열차는 비둘기호, 통일호였다. 60여 년이 지난 지금 무궁화호는 겸손한 자세로 서민 곁에서 에움길을 달리는 열차가 되었다. 지방에서 출퇴근하는 사람과 서민들에게는 유일한 교통수단인데 무궁화호도 세월에 밀려 노후화로 한계에 다다라 객차들은 은퇴를 앞두고 있다. 하루속히 새 무궁화호 열차가 만들어져 에움길을 달리기를 서민들은 기다려본다.

길이 없는 논들을 달리는 길은 지름길이고, 길이 있는 논두렁길은 에움길이다. 중학교 다닐 때 난, 길이 없는 꽁꽁 언 논들 언덕을 마구 뛰어 내리며 지름길을 달렸다.

지름길은 빨리 갈 수는 있지만 위험이 항상 기다리고 있다. 중학 3년을 지름길로 다녀도 오히려 건강했다. 고등 3년은 체면을 차릴 나이라 에움길로 다녔다.

자연 그대로 빙 둘러서 구불구불 굽은 길을 가니 그 길은 에움길이고, 쭉쭉 뻗은 길은 멀리 돌지 않고 바로 가는 길이니 지름길이다. 에움길의 반대말은 지름길이다.

* 頭(머리 두, 우두머리 두) : 콩(豆, 콩 두)은 밭곡식 중 우두머리(頁, 머리 혈)다.
* 短(짧을 단) : 화살(矢, 화살 시)보다 콩(豆, 콩 두)이 짧다.
* 喜(기쁠 희) : 십(十, 열 십) 년 만에 콩(豆, 콩 두) 농사가 풍년이 들어 입(口, 입구)을 벌리고 기뻐하며 '희희' 웃는다.

정직한 삶은 행복이다

정직(正直)한 사람은 항상 밝고 신나는 얼굴이다. 마음이 바르고 곧고 정직해서 남에게 신임을 받는다. 늘 남을 편안하게 해주고 믿음을 준다. 정직한 사람은 남을 쉽게 믿는 약점이 있는 편이다. 아름답고 행복한 사회는 정직한 삶으로 서로서로 도우며 살아가야 되지 않을까 싶다.

요즈음은 정직한 사람이 피해를 보는 시대에 살아가고 있다. 일부 권력이 있는 사람의 입이 거짓말로 너스레를 떨고 있는 모습을 더러 볼 수 있다. 우리는 오랜 옛날부터 '정직하게 살아야 한다.'는 말씀을 부모님과 선생님과 어른들로부터 듣고 배워왔다. 정직은 미덕(美德)이라고 믿고 현 시대를 살아가고 있는 사람이 많다. 하지만 속고 넘어가는 일도 많다. 저울에 속고 돈에 속고 사람에게 속는 복

잡한 세상에서 살아가고 있다

훌륭한 사람의 미담 사례를 소개해 본다. 한 젊은이가 길가에 떨어진 가방을 주웠다. 그 가방에는 누구라도 탐낼 만큼 많은 돈이 들어 있었다. 돈 가방을 들고 가방 주인을 찾느라 두리번거렸으나 보이지 않았다. 젊은이는 가방을 바닥에 놓고 그 위에 주저앉아 있었다. 시간이 꽤 흘렀다. 그때 마침 눈에 불을 켜고 사방을 살피는 사람을 발견하였다. 젊은이는 그 사람에게

"혹시 가방을 잃어버렸습니까?"

"내가 가방을 잃어 버렸는데 아마도 이곳인 것 같습니다."

그러자 젊은이는 깔고 앉았던 가방을 들고

"이 가방입니까?"

가방을 보고 깜짝 놀란 남자는 너무 고마운 마음에 젊은이에게 사례금을 주려고 하였다. 젊은이는 딱 잘라 말했다.

"돈을 가지고 싶었으면 그 가방을 들고 벌써 가버렸을 겁니다. 돈은 필요한 사람이 꼭 필요한 곳에 잘 써야지요."

이 젊은이는 바로 우리나라 독립선언서 주창자 33인 민

족대표 중 한 분인 '손병희(孫秉熙)' 선생님이십니다.

  손흥민 축구선수는 화려한 발 재간(才幹)의 속임수로 골문을 열고 골인시켜 많은 관중들을 열광(熱狂)시킨다. 하지만 모든 선수들은 경기할 때만 속인다.

  정직한 사람은 미래에 성공하는 사람이 된다. 정직만큼 값진 유산은 없을 것이다. 하늘은 정직한 사람을 지킨다. 평생을 아름답게 행복하게 살려면 정직한 삶을 살아야 한다. 정직은 마침 집을 짓는 것과 같지 않을까.

* 植(심을 식) : 나무(木, 나무 목)는 반드시 곧게(直, 곧을 직) 심어야 한다.
* 燈(등잔 등) : 불(火, 불 화)이 올라(登, 오를 등) 앉아 있는 것이 등잔이다.
* 祭(제사 제) : 고기(月, 육달월)와 또(又, 또 우) 다른 제물을 제단(示, 제단 시, 보일 시) 위에 올려놓고 신에게 제사 지낸다.

나라에 꼭 필요한 사람이 되자

 집 안에서 가장 필요한 것은 높이 걸린 유명한 그림이 아니라 방바닥에 있는 걸레이다. 그리고 설거지통에 가장 중요한 것은 값진 그릇이 아니고 행주이다. 걸레나 행주가 가장 낮고 천한 자리에 있으면서도 가장 필요한 물건이다. 세상도 높은 자리에 있는 사람이 아니라 낮은 자리에서 충실하게 자기의 역할을 다하고 있는 사람이 필요하고 소중한 사람이 아닐까 싶다. 주어진 자리에 최선을 다하여 나라에 꼭 필요한 사람이 되자

 어른들은 어린이를 나라에 보배고, 미래의 주인공이라 말한다. 앞으로 미래의 세상을 이끌어 갈 어린이와 젊은이는 없어서는 안 될 소중한 존재들이다.

 우리의 관심은 높은 자리에 있는 사람들에게 쏠려있지

만 낮은 자리에서 자신에게 주어진 일에 충실하게 살고 있는 사람이 없으면 이 세상은 존속(存續)할 수가 없지 않을까. 세상에는 하늘과 땅이 있지만 땅이 없으면 모든 생명은 존재할 수가 없다. 땅은 먹거리가 생산되는 삶의 근원이다. 하늘에서는 햇볕을 주시고 비를 주신다. 하늘과 땅은 서로 조화롭게 살아가고 있다. 우리 사람도 위아래가 조화로울 때 살맛 나는 세상이 되지 않을까?

많이 가지려고만 하거나 높이 오르려고만 하지 말자. 지금 자기가 가지고 있는 것을 가지고, 지금 자기가 있는 그 자리에서 어떻게 최선을 다하며, 가장 필요한 사람이 되겠는가를 생각해 보아야 할 것이다. 가장 낮은 자리에서 충실하게 감사하며 사는 사람이 가장 보람 있는 삶을 사는 사람이 아닐까 싶다.

길 한복판 구덩이에 제법 큰 걸림돌 하나가 있었다. 길 가는 사람 모두가 투덜거리고 돌아가는데 젊은이 한 사람이 시름시름 치웠다. 그 구덩이에 뭔가 이상한 게 있었다. 다가가 살펴보니 자루 하나가 있었다. 그 자루에는 금은보화가 가득했다. 거기에 쪽지가 있는데 읽어보니 "남을 위해 큰 돌을 치운 사람에게 주는 상(賞)이니 갖고 가시기

바랍니다."라고 쓰여 있었다. 아마도 그 돈은 좋은 일에 쓰도록 기부하지 않았을까 싶다.

자녀들에게 '걸레의 삶'을 강조한 독립투사가 계셨다. "비단옷은 있으면 좋지만 없어도 그만이다. 그러나 걸레는 하루만 없어도 집 안이 엉망이 되므로 없어서는 안 된다. 나는 걸레와 같은 삶을 택해 불쌍한 우리 동포들을 도우며 살겠다."고 하셨다. 참 훌륭하신 분이다. 자식들도 우리나라에 큰 보배였고, 나라에 꼭 필요한 사람이었다.

사람이 비록 가장 낮은 자리라 할지라도 자신이 있는 그 자리가 가장 소중하고 필요한 자리이다. 다른 사람이 알아주든 안 알아주든 간에 상관하지 않고 자기 길을 가는 사람 그런 사람이야말로 이 세상에서 가장 필요로 하지 않을까. 청소년들이여 나라에 꼭 필요한 사람이 됩시다.

* 港(항구 항) : 물(氵, 삼수 변)이 있는 거리(巷, 거리 항)는 항구다.
* 惜(아낄 석) : 마음(忄, 심방 변)속으로 옛날(昔, 옛 석) 물건을 아껴 쓴다.
* 借(빌릴 차) : 사람(亻,사람인 변)은 옛날(昔, 옛 석)부터 서로 빌려 주고, 빌려 쓰며 산다.

아버지

아버지는 나의 뿌리요, 큰 산이었다. 우리 어린 시절에는 아버지는 우리 식구(食口)의 대통령이다. 엄마는 국무총리고, 형은 법무부장관이다. 어려운 생활 속에서도 가정의 체계가 흔들림이 없이 질서 정연하였다. 어느 땐가부터 우리나라 가정의 지반이 조금씩 흔들거리기 시작하였다. 세월 잠깐이다. 구심점(求心點)이 없는 가정이 된 지금 하루속히 온전한 가정으로 아버지의 체통(體統) 권위(權威)가 반석(磐石) 위에 반듯하게 자리 잡았으면 한다.

어릴 때 아버지의 기침 소리만 들어도 정신이 바짝 차려졌다. 그래도 아버지는 무서운 분이 아니었다. 자식들을 훌륭하게 키우기 위해 가정에 무슨 애로사항이 있더라도 말없이 엄마와 함께 일을 척척 처리하시는 만능박사가 아버지였다. 부모님의 근면 성실한 자세와 나눔의 봉사정신을 앞장서 실천해 주신 모습을 우리 자식들은 보고 배우고 익혀 실천하는 자식이 되었다. 존경스러운 부모님 덕분에 오늘의 내가 있지 않을까 싶다. '부모님 덕분에 감사합니다.' '존경합니다.'

  요사이 헛바람 참[眞]바람 따라, 돌고 도는 이바구 한 자루를 대충 적어보자. 세상이 참 우습다. 아버지의 체통, 권위, 서열도 멀리 외딴곳으로 이사를 가버렸단다. 멍멍이보다도 서열이 낮다고 한단다. 설마???. 가정에 구심점도 서서히 사라지는 것 같다. 아버지는 그냥 돈 버는 기계였나 봐. 일일 용돈도 내무대신한테 쥐꼬리만 하게 타 간단다. 카드로 결제하면 바로 내무대신한테 연락이 간다. 고문(拷問)을 받는다. 아~ 무서운 세상으로 변해 버렸나? 아버지는 그냥 돈 버는 기계고, 퇴임하면 뒷방 늙은이가 되어 TV하고 폰하고 논다나. 그나마 조금이라도 내 편이 되어주는 사람은 마누라뿐이란다. 그래도 나보다 서열이 위인 멍멍이는 반가워서인지, 마음이 여려서 그런지 가끔씩 꽁지를 흔들어 준다. 우짜다가 세상이 이렇게 변했을까?

개판! 개판! 개판!

사람들이 우짜다가 개 엄마가 되고 개 아비가 되었는지? 다들 조심하시지 그래. 개를 매일 유모차에 태우고 개 엄마는 밀고 다니고, 어떨 땐 개 아비도 밀고 다니는 이가 더러 있더라. 그런데 부모님은 요양병원에 입원시켜 놓고 나 몰라라 하는 사람도 더러 있다니, 지 몸은 어디서 왔는고? 아파트 주변에는 완전히 개판, 정치판도 개판, 길거리에는 개똥 판, 큰길에는 고양이, 개병원 판이다. 입에 나오는 대로 개돼지라고 욕하는 이도 혹 더러 있더라. 어른이나 아나 나무랄 수도 없는 그런 세상이 되어서 걱정이 산보다 크다. 다들 정신 차리고 사람답게 삽시다.

초근목피(草根木皮)로 연명(延命)하던 호롱불 시절에도 우리 아버지 엄마는 우리들에게 큰 산이었고 우리들은 그 산 안에서 뛰어노는 어린 사슴들이었다. 세월이 아무리 변했다 하더라도 가족만큼 소중한 존재는 이 세상에 없을 것이다. 내가 어떤 잘못을 저질러도 나의 편을 들어주는 사람은 우리 가족밖에 없다고 본다. 아무리 어렵더라도 각 가정마다 아버지의 체통과 권위가 반석 위에 반듯하게 자리 잡았으면 한다. 부모를 존경하고 가족을 사랑하는 아름답고 행복한 삶의 가정이 되었으면 한다.

* 奭(클 석) : 백(百, 일백 백)에 백(百, 일백 백)을 더하니 석 크다(大, 큰 대)
* 忘(잊을 망) : 죽을(亡, 죽을 망) 때가 되면 마음(心, 마음 심) 속으로 지난날을 잊어버리게 된다.
* 忙(바쁠 망) : 마음(忄, 마음 심)이 죽을(亡, 죽을 망) 때가 되니 바쁘다.

재미나는 숫자놀이 11

 재미나는 숫자놀이 11을 풀어보자. 나의 첫 사업체 개업일이 1월 11일이다. 농업인의 날이 11월 11일. 선비의 날이 11월 11일. 전 세계 6·25전쟁 참전국 희생자를 위한 국제추모의 날이 11월 11일 11시이다. 해군 창립기념일이 11월 11일. 1차 세계대전 종전기념일이 11월 11일이다. 그 외에도 가래떡데이, 빼빼로데이, 보행자의 날, 지체장애인의 날, 가곡의 날, 레일데이, 서점의 날 등이 있다. 인기 있는 숫자가 11이다. 12월 12일은 왕 중에 왕이 되는 날 十二十二는 十에다 二를 위 아래로 넣으면 王 王이 되니 王 중에 王이 된다. 아라비아 숫자가 한자로 변하여 서로 의지하니 깊은 뜻이 숨어 있다. 우리나라 글, 한자는 참 아름답다.

나의 사업체 개업일을 한자로 쓰면 一월 十一일이다. 一을 가로로 먼저 쓰고 十을 그 밑에 붙여 쓰고 그 아래에 一을 가로로 쓴다. 그러면 임금 왕(王) 자가 된다. 같은 업계에서 으뜸이 되고자 1월 11일에 개업식을 했다. 나의 사업철칙 열 가지를 정해 놓고 근면성실을 근본으로 삼고 열심히 일하여 적당한 시기에, 사업에 손 털었다. 나의 인생에도 정년퇴임이 있었다. 사업을 그만둘 때 신의(信義)가 최고의 경지에 올랐다고 나 자신을 믿으며 자찬(自讚)해 보았다. 역시 나에겐 1월 11일이 으뜸의 날로 태어나게 해 주어서 고마웠다.

농업인의 날은 11월 11일(十一 十一)이다. 十에다 아래에 一을 합치면 土(흙 토)가 된다. 토 토(土 土)는 흙과 함께하는 농민을 위해 농업인의 날로, 법정 기념일로 지정되었다고 한다.

선비의 날은 필자가 명명해 봤다. 11월 11일이다. 十에다 아래에 一을 합치면 土(선비 사)자가 된다. 사 사(土 土)는 책과 함께하는 선비들의 선비정신을 기리기 위해 선비의 날로 명명(命名)해 보았다.

가래떡데이가 11월 11일이다. 매년 상업적 마케팅으로 논란이 되고 있는 빼빼로데이에 대항하기 위해 만든 기념일로 쌀 소비 촉진을 위해 정부와 공공기관에서 적극적으로 밀어주고 있는 캠페인이다. 농림축산식품부에서도 공식 기념일로 지정하였다.

해군(海軍) 창립기념일이 11월 11일이다. 해군창설기념일이라고도 하며 1945년 초대 해군참모총장 손원일 제독이 11월 11일 동료 70명과 함께 현재의 해군인 해방병단(海防兵團)을 창단한 날로 그날을 기념하는 날이라고 한다. 해군의 신사도정신(紳士道精神)을 강조하는 의미로 11(十一)이라는 숫자에서 선비 사(士)가 연상된다고 하여 11월 11일을 해군창립기념일로 정하였다고 한다.

유엔참전용사국제추모의 날이 11월 11일 11시다. 6·25전쟁 또는 한국전쟁으로 불리는 이 전쟁은 1950년 6월 25일 새벽 4시에 조선민주주의인민공화국(북한)이 기습으로 자유대한민국을 침공하여 발발한 전쟁이다. 유엔군과 중국인민지원국, 소련 등이 참전하여 세계적인 대규모 전쟁으로 발발할 뻔했으나 1953년 7월 27일 10시에 체결된 한국휴전협정에 따라 일단락(一段落)되었다. 1129일(3년 34일) 만에 휴전되었다. 11월 11일 11시에는 6·25전쟁(1950년 6월 25일 새벽 4시~1953년 7월 27일 10시)에 참전한 22개국의 유엔참전용사를 추모하는 유엔참전용사국제추모의 날이다. 이날은 캐나다의 한 참전용사의 제안으로 2007년부터 매해 11월 11일 11시 부산 유엔 기념관에서 참전용사를 추모하는 행사가 열린다. 11월 11일 11시에는 평화를 위해 전 세계 참전국에서 1분간 부산을 향해 유엔참전용사를 추모하며 묵념을 한다. 2020년 6·25 전쟁 70주년을 기점으로 법정기념일이 되었다. 오늘의 자유대한민국을 있게 해준 그들을 매년 11월 11일 11시, 1분만이라도 기억하고 감사함을 전하는 날이 되고 우리가 기억하고 있다는 것을 알리는 날이 되었으면 한다. 이 땅에 다시는 전쟁이 없어야 한다.

보행자의 날이 11월 11일이다. 국가기념일이다. 대한민국 국민의 건강을 증진하는 걷기의 중요성을 알리고자 하는 날이다. 11이 사람의 두 다리를 연상해 11일로 정하였다고 한다. 걷는 경우를 11번 타고 왔다고들 말하기도 한다.

레일데이(Rail Day)가 11월 11일이다. 코레일에서 주최한 기념일로 이날은 코레일에서 주최하는 승차권 할인 이

벤트 등의 행사를 한다고 한다. 11월 11일이 기차의 레일 모양과 닮았다고 해서 정해졌다고 한다.

서점의 날이 11월 11일이다. 2017년에 제정된 기념일로 전국 서점인들의 자긍심을 고취하고 지역 서점을 활성화하기 위한 취지로 만들어졌다고 한다. 책(冊, 책 책) 자와 책을 읽기 위해 줄을 서서 서점에 방문하는 사람들을 연상하여 11월 11일로 지정하였다고 한다.

나의 첫 사업체 개업일을 1월 11일로 정하였다. 한자로 一 十 一을 차례로 글을 엮어 나가면 王(임금 왕, 으뜸 왕) 자가 된다. 업계에 으뜸이 되고 싶었다. 그러기 위해서 내 마음에 '장사란 이윤을 남기는 것이 아니고 사람을 남기는 것'이라고 새기며 장사를 했다. 사람을 남기면 이윤은 저절로 뒤따라오기 때문이다. 사람을 중요하게 생각하고 사람의 마음을 얻으려고 노력하는 섬김의 경영전략이 성공의 결실을 맺게 하였다. 개업식 날을 잘 선택하는 것도 삶의 첫 걸음에 큰 도움이 되지 않을까 싶다.

11월 11일로 정한 기념일이 이렇게 많은 줄 몰랐는데 나의 사업체 개업일을 자랑삼아 숫자 놀이를 하다 알게 되었다. 아라비아 숫자가 한자로 바뀌니 깊은 뜻이 들어 있다. 우리나라 글, 한자는 참 아름답고 재미있다.

* 王(임금 왕) : (三)은 천·지·인(天地人)을 뜻하며 이 세 가지(三)를 다스리도록 하늘이 내려(丨, 뚫을 곤)준 임금. 군왕(君王), 왕비(王妃), 왕가(王家)
* 土(흙 토) : '一'과 '十'의 합자로 一은 땅, 十은 초목의 싹이 나온 모양으로 초목을 길러내는 '흙'을 뜻한다. 이 부수가 붙으면 전부 흙과 관계가 있다. 地(땅 지), 坤(땅 곤), 基(터 기)
* 士(선비 사) : '十'과 '一'의 합자로 선비 사(士) 자가 된다. 하나를 들으면 열을 알 수 있는 사람이 선비다. 吉(좋을 길, 길할 길), 壻(사위 서, 남편 서)

감사기도 感謝祈禱

우리 가족이 하는 식사 기도

"거룩하신 부처님 이 한 그릇의 음식이 제 앞에 오기까지에는 무수(無數)한 노력과 공을 베푸신 임들께 감사하며, 스스로 지난날을 반성하며 욕심과 어리석음의 굴레에서 벗어나 보다 좋은 일을 하기 위한 약으로 생각하며 이 귀한 음식을 들겠습니다. 부처님 감사히 잘 먹겠습니다. 부처님 감사히 잘 먹겠습니다. 부처님 감사히 잘 먹겠습니다. 조상님 덕분에 잘 먹겠습니다."라고 기도한다. 온 가족이 편안한 마음으로 둘러앉아 즐거운 마음으로 식사를 하며 아버지와 어머니에게 우리 가족에게 수고에 대한 감사의 마음을 갖게 될 때 우리 가족은 화목하고 행복할 것이다.

작은 것에도 감사기도를 할 수 있는 큰사람이 되어야한다. 비록 가난하고 삶에 지쳐 있더라도 소박한 감사기도를 하는 마음속에서 세상 그 어느 누구보담도 부유한 삶을 사는 사람이 될 것이다. 그런 사람이 복된 사람이 아닐까 싶다.

'감사합니다.'의 기도는 만병통치약이다. 감사는 행복의 씨앗이 된다. 행복한 사람은 감사하는 사람이다. 한 방울의 물에도 천지의 은혜가 스며들고, 한 톨의 곡식에도 만인의 노고가 담겨 있다. 건강과 행복을 위해서 늘 감사하는 기도의 마음으로 생활화합시다.

* '돌팔이'의 '돌'은 돌멩이가 아니라 '돌아다니다'의 첫 글자임을 알 수 있다. 장이 서는 곳마다 돌아다니며 장사하는 사람을 '장돌뱅이'라 하듯이 돌팔이는 돌아다니며 물건을 파는 사람을 지칭한 것이다.
* 感(느낄 감, 고마워할 감) : 누구나 다(咸, 다 함) 마음으로 느끼는 감정이 있다.
* 謝(거절할 사, 사절할 사) : 말(言, 말씀 언)을 쏘아(射, 쏠 사) 붙이며 사절하고 거절한다.
* 祈(빌 기) : 신(示, 귀신 시, 보일 시) 앞에서 도끼(斤, 도끼 근)를 찾아 달라고 빈다.
* 禱(빌 도) : 신(示, 귀신 시, 보일 시)에게 목숨(壽, 목숨 수)을 보호해 달라고 기도하며 빈다.

속여서 이기는 것보다 지는 게 이기는 것이다

 아이들은 대체로 자기주장이 강한 편이다. 지는 것을 싫어하는 아이, 최고가 아니면 만족하지 못하는 아이가 있다. 이런 아이는 부모에게 장차 자녀의 장래가 유망하리라는 기대감을 갖게 한다. 또한 자신감은 아이의 학업 성적이나 진로 선택에 있어서도 긍정적인 역할을 한다. 그렇기 때문에 자신감을 길러 주기 위해 특별히 신경을 쓰는 부모도 많다. 기왕이면 자기주장을 정확하게 바르게 하는 것이 좋지 않을까?

 아이를 키우면서 결과뿐만 아니라 과정도 중요하다고 가르치는 부모는 그리 많지 않을 것이다. 부모는 자식이 최고가 되지 않더라도 열심히 노력하면 만족감을 가질 수 있다는 것을 알려 주어야 하지 않을까.

간사한 꾀나 속임수는 아이들의 마음속에 쉽게 새겨 기억된다. 공부할 때 한순간 속임수로 이기거나 위기를 모면하면 다음부터는 그것이 습관화되기 쉬워진다. 바른 생각과 정직함이 올바른 아이로 키우는 길이다. 스포츠는 경기할 때마다 한순간을 속임수로 이긴다.

언뜻 생각하기에는 간사한 꾀나 속임수로 지금은 앞서 나가므로 크게 손해 볼 것 같지는 않지만, 시간이 흐를수록 아이는 마음속에 들어 있는 양심에 당당함과 자신감을 잃어버리게 된다.

아이에게 요령보다는 노력의 중요성을 가르쳐야 한다. 그러면 경쟁이나 대결에서 이기지 못했더라도 크게 기분 나빠하지 않는다. 열심히 노력하는 과정에서 맛볼 수 있는 뿌듯한 기분을 아는 아이는 어떤 상황에서도 빛을 잃지 않는다. 속여서 이기는 것보다 지는 게 낫다.

* 功 (공 공) : 만드는 데(工, 일 공) 힘(力, 힘 력)써 이룬 공. 공덕(功德), 공로(功勞), 공적(功績)
* 加 (더할 가, 보탤 가) : 힘(力, 힘 력) 쓰라고 입(口, 입 구)으로 말을 더 보탠다. 가감(加減), 가공(加工), 가미(加味), 가입(加入)
* 法 (법 법) : 물(氵, 물 수)이 흘러가(去, 갈 거)듯 공평해야 하는 것이 법이다. 법률(法律), 법도(法度), 법전(法典), 방법(方法)

* 일일삼성(一日三省) : 하루에 세 가지 일로 자신을 살핌. 끊임없이 자신을 성찰함의 뜻. 三省(삼성). "증자(曾子)가 매일 남을 위하여 충실히 일하였는가. 벗과 사귐에 신의(信義)가 있었는가. 전수(傳受)한 학문을 공부하였는가."라는 세 가지 일을 살핀 데서 온 말이다.

강감찬姜邯贊 장군은 청렴결백한 사람

 우리는 흔히 강감찬(姜邯贊) 장군을 고려 초기에 거란의 장군 소배압이 10만 대군을 이끌고 고려에 침공한 거란군을 무찌른 고려의 명장으로만 알고 있다. 하지만 본시 강감찬은 과거에 장원급제할 만큼 학문이 높고 재주가 남달리 뛰어난 문신이었다.

 그런데 강감찬은 체구가 작고 얼굴은 검은 데다가 빡빡 얽은 곰보였다. 그래서 사람들은 못생기고 재주 있는 사람에게 강감찬이라는 별명(別名)을 붙여 주기도 하였단다.

 강감찬이 빡빡 곰보가 된 것에는 그럴만한 이유가 있었다고 한다. 그가 어렸을 때는 어찌나 얼굴이 곱게 잘생겼던지 여자아이들이 졸졸 줄줄 따라다니는 바람에 그토록 하고 싶은 공부를 마음대로 할 수가 없었단다.

그러던 어느 해 마마라는 무서운 전염병이 돌아 모두들 걸리지 않으려고 피해 다니는데 강감찬만은 "마마에 걸리게 해주이소"라고 열심히 기도를 했다는 것이다. 그러던 중에 얼마 안 있어 마마에 걸렸단다.

마마에 걸리면 딱지가 앉을 때 뜯지 않으면 곰보가 안 되는데 강감찬은 일부러 자기 얼굴의 딱지를 막 뜯어버렸다. 아무리 어른들이 말려도 듣지 않았다.

그리고 자기의 빡빡 얼굴을 보고는 만족한 듯 미소를 지으면서 "이제는 계집애들이 안 따라다닐 테니 마음 놓고 공부만 할 수 있어 좋다!"라고 하였다.

고려의 강감찬 장군은 '귀주대첩(龜州大捷)', 고구려의 을지문덕 장군은 '살수대첩(薩水大捷)', 조선의 이순신 장군은 '한산도대첩(閑山島大捷)'과 더불어 우리나라 '3대 대첩'의 명장으로 불린다.

강감찬은 겉보기엔 매우 보잘것없었다. 의복도 검소했고 겉치장에 별로 신경을 쓰지 않았다. 하지만 나랏일을 할 때는 앞서서 최선을 다했고, 수단과 방법을 가리지 않고 재산을 모으던 여느 관리들과는 달리 자신의 토지마저 부하 가족에게 나누어 줄 정도였다. 워낙 청렴결백(淸廉潔

白)하여 많은 백성들이 따랐던 강감찬 장군은 벼슬자리에서 물러나 자연과 벗 삼아 책을 읽으면서 조용히 살다가 여생을 마쳤다고 한다.

  강감찬 장군의 이 아름다운 삶의 모습을 우리 모두 보고 배워 사람다운 삶을 살았으면 한다.

- * 守 (지킬 수) : 집(宀, 집 면)에서 촌수(寸, 촌수 촌)를 따지며 질서를 지킨다. 수절(守節), 수비(守備), 수위(守衛)
- * 問 (물을 문) : 문(門, 문 문)에 입(口, 입 구)을 대고 묻는다. 문제(問題), 문답(問答), 문안(問安)
- * 聞 (들을 문) : 문(門, 문 문)에 귀(耳, 귀 이)를 대고 듣는다. 신문(新聞), 소문(所聞), 견문(見聞)

한국 처녀와 미국 총각

 한국과 미국 어느 나라가 인성교육이 잘 되어 있을까? 난 미국은 경제대국이고 미국인은 인성교육도 제대로 되어 있어 선진국 사람답다고 오래전부터 생각했다. 우리나라도 옛날 못살던 시절에는 동방예의지국이라는 예의 바른 나라였다. 좀 먹고 살 만한 나라가 되니 아이들 인성은 뒷전이고 입시 위주 교육과 경쟁사회로 바뀌다 보니 사람이 사는 세상이 맞을까 할 정도로 많이 바뀌어 개인 위주의 세상이 되었다.

 이제 대한민국은 경제대국 10위 안에 들어가는 나라다. 선진국 반열에 들려면 어설픈 졸부근성부터 버려야 한다. 인성교육을 제대로 받아 세계화시대에 사람다운 삶을 살아가야 선진국이 되지 않을까 생각한다.

나는 오늘 우리 아파트 횡단보도에서 여유 있게, 사람을 우선으로 생각하고 멈추어 서서 기다렸다. 아니나 다를까 머뭇거리는 사람은 미국 총각이다. 내가 손짓을 하면서 지나가시라고 하니 목례로 인사를 하며 감사하다는 뜻으로 지나가는데 너무 보기가 좋고 고마웠다. 한국 처녀는 그 장면을 보고 뭘 생각했을까? 감사의 표정은커녕 당연한 모습으로 지나가는 못난이 처녀였다. 둘이는 연인 사이인 것 같다. 여기에서 선진국을 알아볼 수 있었다. 우리나라는 졸부(猝富)의 나라 행세(行勢)였다. 내가 미국 사람 보기에 부끄러울 정도다. 경제대국에다 선진국 반열에 들려면 어설픈 졸부근성부터 버려야 하고 인성교육을 제대로 받아 세계화 시대에 사람다운 삶을 살아가야만 선진국이 되지 않을까 싶다.

　우리나라 사람은 무엇이 나쁜 행동인지 알고 있으면서도 기본 예의를 지키지 않고 있다. 어른의 뒷모습을 보고 배우는 우리 아이들을 위해서라도 바른 말 바른 행동으로 좋은 모습 보이도록 함께 노력합시다. 욕심을 버리고 남을 미워하고 화내지 말며 정직한 사람으로 항상 기뻐하고 매사에 감사하며 나보다 남을 먼저 생각하는 사람이 되어 세계 속에 우뚝 선 경제대국에 선진국 사람이 되도록 우리 함께 손잡고 나아갑시다.

* 仲(버금 중) : 세 사람(亻, 사람 인) 중(中, 가운데 중)에 가운데니 둘째인 버금이다.
* 忠(충성 충) : 중(中, 가운데 중) 심(心, 마음 심)을 잃지 않고 참된 마음을 바치는 것이니 충성하는 것이다.
* 患(근심 환) : 입(口, 입 구)과 입(口, 입 구)을 송곳(丨, 뚫을 곤)으로 찌르듯 마음(心, 마음 심)이 아파 근심한다.

잉어 아버지와 거미 어머니

 태평양 연안에 천축(天軸) 잉어라는 아버지 바닷고기가 살고 있다. 엄마 암놈이 알을 낳으면 아버지 수놈이 그 알을 입에 담아 부화(孵化)시킨다. 입에 알을 담아 있는 동안 아버지 수컷은 아무것도 먹을 수가 없다. 점점 몸은 쇠약해지고 급기야 알들이 부화(孵化)하는 시점에는 기력(氣力)을 다 잃어 죽고 만다. 아버지 수놈은 죽음이 두려우면 입안에 있는 자식 알들을 그냥 뱉으면 그만이다. 하지만 아버지 수놈은 죽음을 뛰어넘는 사랑을 선택하였다. 자식에 대한 부모님의 사랑은 죽음보다 더 강하였다.

 이 땅에는 아버지란 이름으로 수많은 사람들이 살아간다. 누구 하나 위로해 주지 않는 그 무거운 자리 그리고 보니 나 역시 아버지의 어깨를 단 한 번도 따뜻하게 안아준

적이 없다. 왠지 부끄럽고 미안한 마음이다.

이제 누구의 아버지로 살아가다 보니, 어릴 때에는 몰랐던 부분들이 사랑이라는 것을 조금씩 알게 되면서, 가끔씩 내 마음을 울릴 때가 있다. 내 아버지의 묵직한 사랑을, 자식을 낳아 키우다 보니 깨닫게 된다. 아버지의 위대하고 묵묵한 사랑에 감사하며 존경합니다.

오늘도 아버지의 이름으로 살아가는 남성들이여~

가정(家庭)에서 내 자리가 작아지고 사회(社會)에서 어깨의 짐이 무거워지고 하루하루의 삶이 막막하고 힘들어도, 당신은 믿음직한 아들이었고 든든한 남편(男便)이었으며 위대(偉大)한 아버지임을 잊지 말아야 할 것이다.

어미 거미는 새끼를 낳으면 자신의 피를 먹여 키운다. 피가 다 떨어지면 죽는다는 것을 알면서도 자식이 자라는 것이 너무 귀엽고 사랑스러워 마지막 남은 한 방울의 피까지 다 준다. 어미는 결국 자식을 마지막까지 사랑하다 죽고 말라비틀어진다. 어미 거미 껍질이 자신의 집에 티끌처럼 바람에 흔들리는데도 자식들은 어미 거미 껍질인지도 모른다. 느낄 여유(餘裕)도 없이 그냥 지나쳐 버린다.

아버지 천축(天軸) 잉어와 어미 거미의 한없는 자식 사랑의 헌신하는 마음은 사람으로서 본받아야 할 점이 아닐까싶다. 자식들의 행복을 위해 대가(代價) 없는 부모(父母)님의 그 희생정신(犧牲精神)을 어떻게 하면 우리 자식들이 본받을 수 있을까?

조상(祖上)님과 부모(父母)님의 한없는 사랑과 은혜(恩惠)에 보답하고 가문을 빛내며 행복한 가정을 위해 열심히 감사하며 살아야 되지 않을까.

* 酒(술 주) : 닭(酉, 닭 유)이 물(氵, 물수 변) 먹듯이 술을 마셔야 한다.
* 煙(연기 연) : 불(火, 불 화)을 때니 서쪽(西, 서녘 서)에 흙(土, 흙 토)으로 만든 굴뚝에서 연기가 난다.
* 栗(밤 률) : 서쪽(西,서녘 서)에 서 있는 나무(木,나무 목)가 밤나무다.

우렁이의 모성애와 가물치의 효도

 우렁이는 자기 몸 안에 40~100개의 알을 낳고 그 알이 부화하면 새끼들은 제 어미의 살을 파먹으며 성장하는데 어미 우렁이는 한 점의 살도 남김없이 새끼들에게 다 주고 빈 껍데기만 흐르는 물길 따라 둥둥 떠내려간다고 한다. 그 모습을 본 새끼 우렁이들이 이렇게 말한다고 한다.
"우리 엄마 두둥실 시집가네!"
가슴이 울컥 메인다.
엄마의 살을 파먹는 우렁이는
엄마의 고통도 모르고
엄마의 사랑도 모르고
엄마의 살을 남김없이 다 먹어 치우니
엄마에게 불효 중에 상불효다

엄마는 자식이 뭐라고 있는 것, 없는 것 다 주고도 더 줄게 없나 하다가

엄마는 빈 껍질 타고 하염없이 눈물 흘리며 정처 없이 떠나가네.

엄마는 다음 생애에 가물치로 태어나소서.

그와 반대로 가물치는 수천 개의 알을 낳은 후 바로 눈이 멀게 되고 그 후 어미 가물치는 먹이를 찾을 수 없어 배고픔을 참아야 하는데, 이때쯤 알에서 부화되어 나온 수천 마리의 새끼들이 어미 가물치가 굶어 죽지 않도록 한 마리씩 자진하여 어미 입으로 들어가 어미의 굶주린 배를 채워주며 어미의 생명을 연장시켜 준다고 한다.

그렇게 새끼들의 희생에 의존하다 어미 가물치가 눈을 다시 회복할 때쯤이면 남은 새끼의 수는 10%도 생존치 못하고 대부분의 어린 새끼 90% 정도의 가물치는 기꺼이 어미를 위해 희생한다고 한다. 그래서 가물치를 "효자 물고기"라고 한다.

오늘을 사는 우리는 우렁이와 같은 모성애를 받고 살아왔으면서도, 가물치와 같은 효심의 마음과 행동을 얼마큼이라도 해 왔는지 생각해 보게 한다.

우렁이와 같은 자식에 대한 희생, 가물치와 같은 부모님께 대한 효도, 다시 한번 깊게 새기자.

* 義(옳을 의) : 양(羊, 양 양)같이 나(我, 나 아)는 옳게 살아야지
* 儀(본받을 의) : 사람(亻, 사람 인)이 옳은(義, 옳을 의) 것을 본받아야 한다.
* 議(의논할 의) : 말(言, 말씀 언)은 옳은(義, 옳을 의) 말을 하면서 의논한다.
* 餓(굶을 아) : 먹을 밥(食, 밥 식)이 없어 나는(我, 나 아) 굶었다.

노인을 존경하자

노인이 지금까지 긴 인생을 살아오면서 체험하고 깨닫고 느끼면서 생긴 삶에 대한 지혜와 통찰력은 그 무엇보다 중요하다. 인생을 많이 산 노인을 존경해야 하는 이유다. 집안에 모시지는 못하더라도 그분들을 자주 만나 인생에 대한 조언을 듣는다면 훨씬 더 지혜로운 삶을 살 수 있지 않을까 싶다.

옛날 고려장 풍습이 있을 때의 일이다. 아들이 늙으신 어머니를 지게에 지고 깊은 산중으로 들어갔다. 그곳에 모셔놓고 눈물로 절을 올렸다. 늙으신 어머니는 "네가 길을 잃을까봐 올라오면서 나뭇가지를 꺾어 표시를 해 두었다."고 하셨다.

아들은 이런 상황에서도 자식을 생각하는 어머니를 차

마 버리지 못하고 몰래 나라 법을 어기며 늙으신 어머니를 되레 모셔와 봉양을 하였다.

그 무렵 중국 수(隋)나라 사신(使臣)이 똑같이 생긴 말 두 마리를 끌고 와 어느 쪽이 어미이고 어느 쪽이 새끼인지를 알아내란 문제를 내었다. 못 맞히면 조공(朝貢)을 받겠다는 속셈이었다. 이 문제로 고민하는 아들 정승(政丞)에게 노모가 해결책(解決策)을 제시(提示)하였다.

"말을 굶긴 다음 여물을 줘 보면 먼저 먹는 놈이 새끼란다."고 하셨다.

고구려가 이 문제를 풀자 수나라는 또다시 두 번째 문제(問題)를 냈는데 그건 네모난 나무토막의 위아래를 가려내라는 것이었다.

그런데 이번에도 노모는 "헤아려 생각하건대 나무란 물을 뿌리에서부터 빨아올린다. 그러므로 물에 뜨는 쪽이 위쪽이란다." 하셨다.

고구려가 기어이 이 문제를 풀자 약이 오를 대로 오른 수(隋)나라는 또 문제를 제시했는데, 그건 재로 한 다발의 새끼를 꼬아 바치라는 것이었다. 당시 나라 안에서는 아무도 이 문제를 풀지 못하였다.

어머니에게 여쭈어 보니 하시는 말씀이

"얘야, 그것도 모르느냐? 새끼 한 다발을 불로 태우면 그게 재로 꼬아 만든 새끼가 아니고 무엇이더냐?"

수(隋)나라에서는 이 어려운 문제들을 모두 풀어내자 동방의 지혜(智慧) 있는 민족이다, 라며 다시는 깔보지 않았다고 한다. 당시 수나라 황제 수 문제(文帝)는 고구려를 침범하지 말라고 당부하였다. 그런데도 이 말을 어기고 아들인 수양제(煬帝)가 두 번이나 침범해 와 113만 명이 넘는 대군(大軍)으로도 우리 고구려의 을지문덕 장군에게 박살이 나고 마침내는 나라가 망해버렸다.

그다음에 들어선 나라가 당(唐)나라인데 또 정신을 못 차리고 고구려를 침범하다가 안시성 싸움에서 깨지고 당시 황제인 당 태종(太宗)은 화살에 눈이 맞아 애꾸가 된 채로 죽었다.

노모의 현명함이 세 번이나 나라를 위기에서 구하고 왕을 감동시켰다. 그 이후 고려장이 없어졌다는 일화(逸話)가 전해오고 있다.

그리스의 격언(格言)에 '집에 노인이 없거든 빌려라'라는 말이 있다.

삶의 경륜(經綸)이 얼마나 소중(所重)한지를 잘 말해주고 있다. 가정과 마찬가지로 국가(國家)나 사회(社會)에서도 지혜(智慧)로운 노인이 필요하다.

우리나라는 유교적 효 윤리가 강한 나라이기에 고려장 같은 불효는 없었을 것이다. 고려장 같은 설화는 자식들에게 효(孝)를 교육하기 위한 수단으로서의 가치를 지니며 끊임없이 구현되고 전승되어 올 수도 있지 않았을까 싶다.

노인들도 꿈 많던 청소년 시절이 있었고 활기찬 젊은이로 당당하던 시절이 있었다. 그분들의 머리카락이 그냥 희어진 게 아니다. 피땀 흘려 일하며 자녀들의 삶의 터전을 다지는 사이에 머리가 희어지고 허리가 휘게 된 것이다. 오늘 대한민국의 풍요함은 거저 된 게 아니다. 지금은 힘없는 노인이 된 그분들의 수고와 헌신으로 말미암아 이루어진 것이다.

노인들은 젊은이들의 삶의 뿌리요 사회 존재의 기반이다. 노인들을 공경하지 않고 무시하는 것은 자신의 뿌리를 모욕하는 짓이고 사회의 존재 기반을 허무는 것이다. 다시 노인이 공경받는 사회풍토를 만들어야 한다. 노인이

존중받고 노인의 인권이 보호받아 젊은이와 함께 조화롭게 어우러져 사는 밝은 세상을 만들어야 되지 않을까

* '넌 늙어 봤냐? 난 젊어 봤다.' 지은이 김영빈 책 제목
* 아프리카 속담 '노인 한 사람이 죽는 것은 도서관(圖書館) 하나가 불에 타 사라지는 것과 같다.'
* 國(나라 국) : 사방을 에워싸(囗 에울 위, 큰입구몸, 나라 국) 혹시(或 혹 혹)나 쳐들어올까 지키는 나라. 국가(國家), 국민(國民), 애국(愛國)
* 老(늙을 로) : 흙(土, 흙 토) 바닥에 지팡이(丿, 삐침 별)를 의지한 허리가 구부러진(匕, 구부릴 비) 노인의 늙은 모습. 노인(老人), 노환(老患), 노숙(老熟), 원로(元老)

훈장님 훈장님

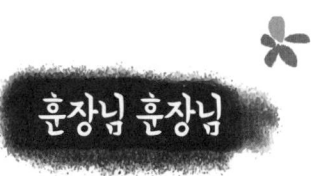

 어둠이 까맣게 내리는 열 시경 놀이터의 가로등 불빛은 눈을 더 크게 뜨고 사방을 밝히고 있었다. 저 앞에 고등학생으로 보이는 학생 두 명이 "훈장님! 훈장님!" 하면서 뛰어 왔다. 낯익은 얼굴이었다. 서로 다정하게 반갑게 인사를 나누었다. '인성교육이 제대로 되었구나.'라고 생각하며 흡족(洽足)해했다. 사람이 한평생 살아가는 데 인성이 제대로 되었을 때 사람이 사람답게 살아가는 모습이 보이지 않을까 싶다.

 두 학생은 인성교육에 관심이 많았다.

 "훈장님 지금도 우리 학교에 인성교육 강의를 하고 계시지예?"

 "나이도 있고 오래해서 올해부터 안 한다. 십여 년 했으면 많이 했잖아."

"안 됩니더. 계속 해주셔야 합니다."

"훈장님 강의는 참 재미있고, 우리 일상생활에 꼭 필요한 겁니더."

"어디 가서 들을 곳도 없습니더."

"고마워, 학교에서 못 하면 우리 서당에서 인성과 한자 교육을 해볼까 생각하고 있다."

"고맙습니더 대학 들어가서 서당에 가겠습니다."

서로 기쁜 마음으로 헤어졌다.

난 너무 고맙고 고마웠다. 학교에서 인성교육 강의에 큰 보람을 느꼈다. '아직 동방예의지국(東方禮儀之國)의 불씨가 살아 숨 쉬고 있구나!'라며 마음속으로 신났다.

학교에서 한 인성교육 내용을 간단하게 몇 자 적어 보면
· 메모를 잘하는 사람은 미래에 성공하는 사람이 된다.
· 예의가 바른 사람이 미래에 성공하는 사람이 된다.
· 예의 바른 나라가 미래에 최강국이 된다.
· 공부는 못해도 부모님께, 형제에게, 선생님께, 친구에게, 이웃에게 잘해야 한다.

· 삼사 : 인사(人事), 감사(感謝), 봉사(奉仕)

○ **인사(人事) : 남을 섬기는 마음으로 인사하기**

첫 만남의 인사가 참 중요하다. 남에게 인사는 공손하게 '절인사'를 먼저 하고 난 뒤 상대방을 바라보고 '말인사'를 해야 한다. 아침에 등교하여 학우에게 아조타 아조아(我助他 我助我 : 내가 남을 돕는 것은 곧 내가 나를 돕는 것이다.)로 인사하기를 한다. 하이파이브(high five)를 하면서 누구든지 먼저 '아조타' 하면 상대방은 '아조아'로 답한다. 전교생이 아침에 만나 인사하는 구호다. 오늘도 신나는 아침이다. 남에게 피해를 주었을 때는 '미안합니다.' '죄송합니다.' 남에게 도움을 받았으면 '고맙습니다.' '감사합니다.'

○ **감사(感謝): '감사'라는 말처럼 아름답고 귀한 말은 없다.**

감사가 있는 곳에는 늘 인정(人情)이 있고, 웃음이 있고, 기쁨이 있고, 넉넉함이 있고, 행복(幸福)이 있다. 아버지 감사합니다. 어머니 감사합니다. 선생님 감사합니다. 친구야 고맙다. 해님 감사합니다. 공기님 감사합니다. 바람님 감사합니다. 위장(胃腸)님 감사합니다. 심장님 감사합니다. 폐(肺)님 감사합니다. 책상님 감사합니다. 걸상님 감사합니다. 다리가 하나 부러져도 감사합니다. 아직 한쪽 다리가 남아있으니.

○ **봉사(奉仕) : 남을 받들어 섬기는 마음으로 남을 돕는다.**

나보다 남을 먼저 생각하는 마음을 갖자. 그것이 곧 나를 위하는 것이다. 어려운 이웃돕기, 지하철이나 버스에서 노약자에게 자리 양보 내가 먼저 하기, 어르신에게 말벗되어 드리기 등등 공부보다 더 중요한 게 사람이 되는 것이다.

초등학교 인성교육이 왜 필요할까? 우리 사회에서는 여러 사람이 함께 서로 연결된 관계를 형성하며 살아가고 있다. 그 안에서 존중과 배려 소통이 필요하며 이 모든 것을 포함하고 있는 '인성'이 필수 역량으로 꼽히고 있다. 처음부터 완벽한 인성을 가질 수는 없지만 양육하는 방법에 따라서 충분히 좋은 관계를 유지하며 성장할 수 있지 않을까. 부모가 하는 말을 믿고 따르게 만들기 위해서는 말과 행동이 일치해야 하며, 스스로 보고 느끼며 실천할 수 있도록 하는 게 중요하지 않을까 싶다.

무조건 좋은 모습만 보여주기보다는 잘못된 행동에 있어서는 재빠르게 인정하고 사과하는 모습을 보여주는 것도 초등학교 인성교육에서 중요한 부분이다. 잘못된 행동을 했다고 해서 강하게 훈계를 하는 것은 오히려 아이의 자존감 자신감을 떨어뜨리고 자아 개념을 망치게 된다. 타인에 대한 이해와 배려를 할 줄 아는 사람으로 성장할 수 있게 도와주었을 때 사람이 사람답게 살아가는 것이 인성교육이 아닐까.

* 寒(찰 한) : 집(宀, 집 면)에 우물(井, 우물 정) 하나(一, 한 일)가 여덟(八, 여덟 팔) 개의 얼음(冫, 얼음 빙)이 녹아 있는 듯 차다.
* 悟(깨달을 오) : 마음(忄, 마음 심) 속으로 나(吾, 나 오)의 잘못을 깨달았다.
* 語(말씀 어) : 말(言, 말씀 언)로 나(吾, 나 오)의 뜻을 말씀 드렸다.

걸레 같은 삶

비단은 귀하지만 모든 사람에게 반드시 필요한 물건은 아니다. 그러나 '걸레'는 모든 사람에게 반드시 필요한 물건이다. 걸레는 가장 낮은 자세로 먼지가 나고 더럽고 지저분한 곳을 말끔하게 닦고 닦아서 빛이 나게 하는 천사 같은 소중한 존재이다. 결국 비단 같은 사람보다는 걸레 같은 사람이 이 시대에 더 소중하고 더 필요한 것이다. 서로 도우며 남을 위하는 아름다운 세상이 사랑을 타고 평화를 타고 찾아오도록 우리 모두 함께 손잡고 노력했으면 한다.

걸레의 삶을 사신 독립투사 해석(海石) 손정도(孫正道 1882~1931) 님의 삶을 소개해 본다.

안락과 부귀를 누리는 비단의 삶을 버리고 고난과 희생

을 자처한 삶으로 '걸레성자'라 불리는 손정도 목사의 어두운 하늘에 별빛 같았던 이야기를 들어본다. 빛이 다시 돌아오는 광복(光復)의 날을 확신할 수 없었던 암흑의 시대, 가장 낮고 그늘진 자리에서 오욕의 어둠을 닦고 또 닦았던 사람. 그리하여 기어이 독립이라는 희망을 별처럼 걸어 놓았던 사람이다. 상해 임시정부를 탄생시키고 이끌었던 주역이고 만주 길림 한인(韓人)사회의 아버지였던 독립운동가다. 상해 임시정부 탄생의 주역이다.

그러나 가려진 이름의 독립운동가 '손정도'는 상해 임시정부 출범에 주도적인 역할을 하며 임시의정원 의장과 국무위원을 두루 역임했다. 상해 활동 이전부터 안창호와 호형호제(呼兄呼弟)하는 동지였으며, 임정(臨政) 활동 외에도 김구와는 무장단체 의용단과 한국노병회를, 안창호와는 흥사단을, 박은식과는 대한교육회를 조직하는 등 여러 독립운동 단체를 이끌며 활동했지만 업적에 비해 가려진 이름이었다. 그것은 그가 언제나 다른 사람의 공로를 앞세우고 자신은 궂은일을 하며 스스로 자신을 낮추는 걸레의 삶을 가졌기 때문이었다. 또한 그 자신이 독립운동 계파 간의 갈등을 조정하고 화합하는 역할을 주로 하면서 어떤 특정 노선을 대표하는 인물로 활동을 하지 않았기 때문이기도 하다.

  손정도는 힘없이 떠도는 동포들을 도와주었다. 또한 안중근 의사의 유족들을 자기 집에 함께 살도록 했다. 손정도는 자녀들에게 '걸레의 삶'을 강조했다고 한다. "비단옷은 있으면 좋지만 없어도 그만이다. 그러나 걸레는 하루만 없어도 집안이 엉망이 되므로 없어서는 안 된다. 나는 걸레와 같은 삶을 택해 불쌍한 우리 동포들을 도우며 살겠다."고 했다. 손정도의 큰아들인 손원일은 '대한민국 해군의 아버지'로 불리는 해군제독 초대 해군참모총장이었다.

  오늘도 내 마음에 밝은 등불을 키고, 마음에 어두운 가운데 방황하는 사람들에게 다가가는 사람이 되기를 소망해 본다. 지금 세상은 잘나고 똑똑한 사람보다 걸레 같은 인생의 삶이 더 필요한 때이다.

* 冥(어두울 명) : 구름에 덮여(冖, 덮을 멱) 햇(日, 해 일)빛이 없어 여섯(六, 여섯 육) 치 앞도 안 보일 정도로 어둡다.
* 名(이름 명) : 저녁(夕, 저녁 석)에 어두워 사람이 보이질 않으니 입(口, 입 구)으로 이름을 부른다.
* 多(많을 다) : 하루 저녁(夕, 저녁 석)이 가고 또 하루 저녁(夕, 저녁 석)이 흘러간 많은 세월

속담 속에 덕담

 '가까운 이웃이 먼 친척보다 낫다.'는 속담은 친척이라 하더라도 멀리 떨어져 지내면 도움이 필요할 때 도움을 받을 수가 없다는 뜻이다. 하지만 가까이 지내는 이웃에게는 언제든지 도움을 청할 수가 있다. 가까이 사는 이웃이 먼 곳에 있는 친척보다 더 친하고 가깝게 느껴진다는 말이다. 이웃 간에는 서로 사이좋게 지내야 되지 않을까.

 우리와 가장 가까이 사는 사람을 이웃이라 말한다. 집을 비울 때도 좀 봐달라고 부탁할 수도 있고, 위급할 때도 도움을 청할 수도 있지 않는가. 맛있는 음식도 나누어 먹기도 하고, 두터운 정을 나누며 사이좋은 이웃을 이웃사촌이라고 한다.

 '좋은 집을 사기보다는 좋은 이웃을 얻어라'는 스페인

속담도 있다. 역시 이웃의 소중함을 알려주는 말이다. 좋은 이웃은 멀리 떨어져 있는 형제보다 낫다는, 이웃의 소중함을 일깨워주는 아름다운 말이다.

'고운 자식 매 한 대 더 때린다.'는 속담은 부모가 자식을 너무 귀여워하면 버릇이 나빠지기 쉽다는 뜻을 가지고 있다. 옛날에는 자식을 소중하게 생각하는 만큼 엄하게 키워야 한다고 생각을 했다. 자녀가 올바르게 자라도록 하려면 잘못을 감싸 주기보다는 때려서라도 제대로 가르쳐야 할 것이다.

'미운 놈 떡 하나 더 준다.'라는 말은 미운 사람이라고 미워하여 감정을 상하게 하면 더욱 미운 짓을 하므로 오히려 더욱 잘 대하여 좋은 감정을 갖도록 해야 한다는 뜻이다.

'매를 아끼면 자식 농사는 망친다.'는 말도 있다. 아이들의 버릇을 바로잡기 위해 부모가 아이에게 벌을 주어야 할 때가 있다. 부모의 무릎에 앉아 자상한 가르침을 받을 때가 있는가 하면 때로는 부모에게 매를 맞으면서 옳은지 그른지를 배워야 할 때도 있다. 자식이 귀할수록 매로 때려서라도 잘 가르쳐야 되지 않을까.

'배움에는 나이가 없다.'는 속담은 배우는 데 있어서 나이가 많고 적음은 상관이 없다는 말이다. 배움에는 끝이 없다. 사람은 죽기 전까지 늘 새로 배우고 익히며 살아야 한다. 나이가 많든 적든 배울 수 있을 때까지 배우는 게 바람직한 삶이 아닐까.

'황금 천 냥이 자식 교육만 못하다.'는 말은 돈 천 냥은 쓰고 나면 그만이지만, 자식을 교육 잘 시켜 성공하면 장차 노후를 편안히 보낼 수 있다는 말이다. '배움에는 왕도가 없다.'는 것은 학문을 착실히 순서대로 해야 한다는 말이고, '사흘 책을 안 읽으면 머리에 곰팡이가 슨다.'는 말이 있는데 책을 안 보면 머리가 녹슨다는 뜻이다. '책 도둑은 도둑이 아니다.'라는 말은 배우고 알기 위해 책을 훔치게 되었다면 용서해 주어야 한다는 말이다.

'사람은 배우기에 늦은 나이가 없다.' 너무 늙어서 배우지 못하는 사람은 결코 없다는 말이다. 다시 말하면 아무리 늙어도 배우려는 마음만 있으면 배울 수 있다는 말이다. 배우는 데는 나이가 문제가 되지 않는다.

속담 속에 덕담이 많이많이 들어 있으니 속담 공부 많이 하여 지혜로운 사람이 되었으면 한다.

* 斅(가르칠 효) : 배운다(學, 배울 학)는 것은 매로 때려(攵, 칠 복) 가르친다.
* 改(고칠 개) : 자기의 몸(己, 몸 기)을 때려(攵, 칠 복)서 잘못을 고친다.
* 放(놓을 방, 쫓을 방) : 사방(方, 모 방, 방향 방)으로 쳐서(攵, 칠 복) 나쁜 놈을 쫓아버리고 안전하게 마음 놓고 놀게 한다.

지성至誠이면 감천感天

"지성이면 감천이다."라는 속담이 있다. 우리가 보통으로 알고 있는 내용은 "지성껏 정성을 다하면 하늘도 감동해서 소원이 이루어진다."는 뜻으로 무슨 일에도 정성을 다하면 아주 어려운 일도 순조롭게 풀리어 좋은 결과를 가져온다는 우리나라 속담이다.

인간 세계에는 '지성'이란 앉은뱅이와 '감천'이란 맹인이 살고 있었다.

'지성'이란 사람은 기어 다니는 앉은뱅이인데, 날씨가 추운 겨울밤이 되면 얼어 죽지 않으려고 남의 집 굴뚝을 끌어안고 밤을 보내고, 낮에는 장터를 돌아다니며 빌어먹고 살아간단다. 그러다 어느 날 장터에서 구걸하는 '감천'이란 맹인을 만났다. 동병상련(同病相憐)의 아픔이 있었기에 두 사람은 끌어안고 울면서 같이 살기로 하였다.

 '지성'이란 앉은뱅이는 '감천'이란 맹인에게 자기를 업고 다니면 길을 안내하여 주겠다고 하였다. '감천'이란 맹인(盲人)이 '지성'이란 앉은뱅이를 엎고 장터에 나타나면, 서로 돕는 모습이 보기가 좋았던 사람들은 두 사람에게 넉넉한 인심을 보냈다.

 빌어먹고 살지만 예전보다는 살기가 좋아지다 보니, 보는 놈이 똑똑하다고 점차 '지성'이란 앉은뱅이는 맛있는 음식을 골라 먹게 되고, '감천'이란 맹인에게는 음식을 조금만 주다가 보니, '지성'이란 앉은뱅이는 점점 무거워졌고 '감천'이란 맹인은 점점 약해져 갔다.

 어느 날 두 사람은 시골 논길을 가다가 '감천'이란 맹인이 힘이 빠져 쓰러지면서 두 사람 모두 도랑에 처박혀 죽게 되었다. 사람은 바로 초심을 잊지 않고 변하지 않아야 하는데, '지성'이란 앉은뱅이가 마음이 변해서 자기는 좋은 것만 많이 먹고, '감천'이란 맹인에게는 좋은 음식을 적게 주는 바람에 힘이 약해져서 함께 죽게 되었다.

 우리도 마찬가지로 똑똑하고 능력 있다고 베풀지 않고 혼자만 배를 채우다 보면, '지성'이란 앉은뱅이와 같은 실수를 할 수가 있다. 사람이나 세상은 균형을 잃으면 서로가 공멸(共滅)할 수 있다.

식사 후, 먼저 밥값을 계산하는 이는 돈보다 관계를 더 중히 생각하기 때문이다.

일할 때, 주도적으로 하는 이는 바보스러워서 그런 게 아니라, 책임이라는 것을 알기 때문이다. 다툰 후, 먼저 사과하는 이는 잘못해서 그러는 게 아니라, 당신을 아끼기 때문이다. 늘, 나를 도와주려는 이는 빚진 게 있어서 그런 게 아니라, 나를 진정한 친구로 생각하기 때문이다.

"지성(至誠)이면 감천(感天)이다."의 속담을 잘 새겨 보면서… 진실(眞實)되고 덕(德)스러운 초심(初心)의 마음으로 세상에 좋은 일 많이 하면서 즐겁게 살아갑시다.

* 忍(참을 인) : 칼날(刃, 칼날 인)이 심장(心, 마음 심)을 찌르는 듯한 고통도 참으면서 사는 것이 인간이다. 인내(忍耐), 인고(忍苦), 잔인(殘忍)
* 認(알 인) : 말(言, 말씀 언)을 끝까지 참고(忍. 참을 인) 들어본 후 내용을 알아 인정한다. 인정(認定), 인가(認可), 인식(認識)

참고문헌

- 디비딕 닷컴, 『너 그거 아니?』, 문학세계사
- 김경탁 역자, 『논어』, 한국자유교육협회
- 李相麒 譯, 『노자 도덕경』, 전원문화사
- 朴泰俊, 『明心寶鑑』, 예지원
- 金炳朝, 『마음공부』, 청어람
- 一川사랑방, 『小學』
- 다고 아키라 지음, 『아이를 빛나게 하는 금쪽같은 말』, 나들목
- 김경화, 『우리 속담 영어 속담』, 문공사
- 김진배, 『마음을 사로잡는 유머 화술』, 무한
- 한두현, 『이야기 인성교육 마당』, 나남출판
- 박갑수, 『재미있는 곁말 기행』, 역락
- 이래현, 『한자 쉽게 끝내기』, 키출판사
- 진태하, 『한자는 우리의 조상 동이족이 만들었다』, 명문당
- 김성회, 『리더를 위한 한자 인문학』, 북스톤

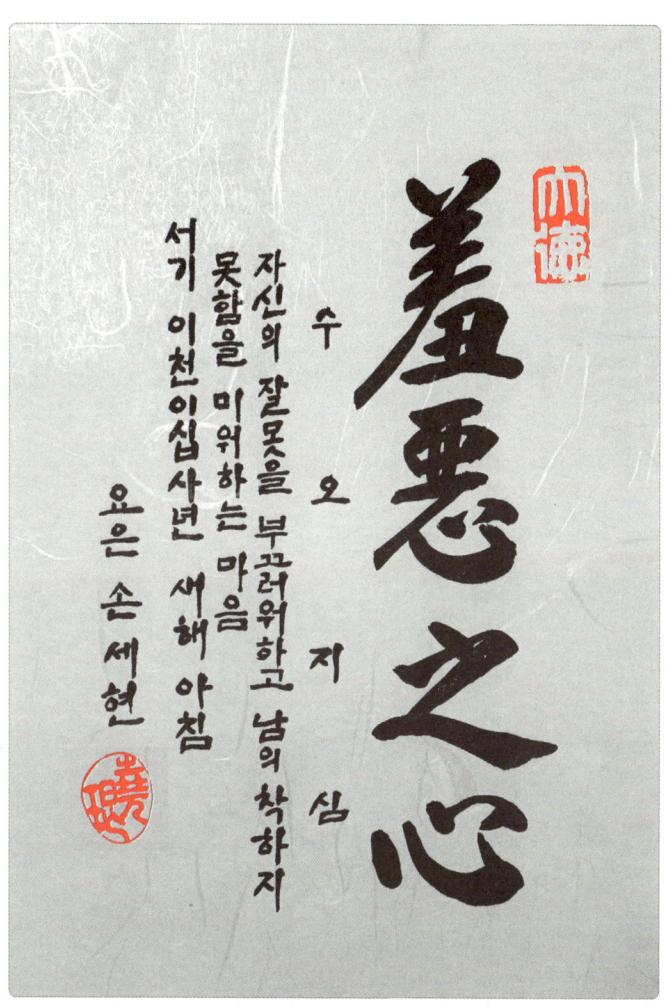

羞惡之心

수오지심

자신의 잘못을 부끄러워하고 남의 착하지 못함을 미워하는 마음

서기 이천이십사년 새해 아침

오은 손세현

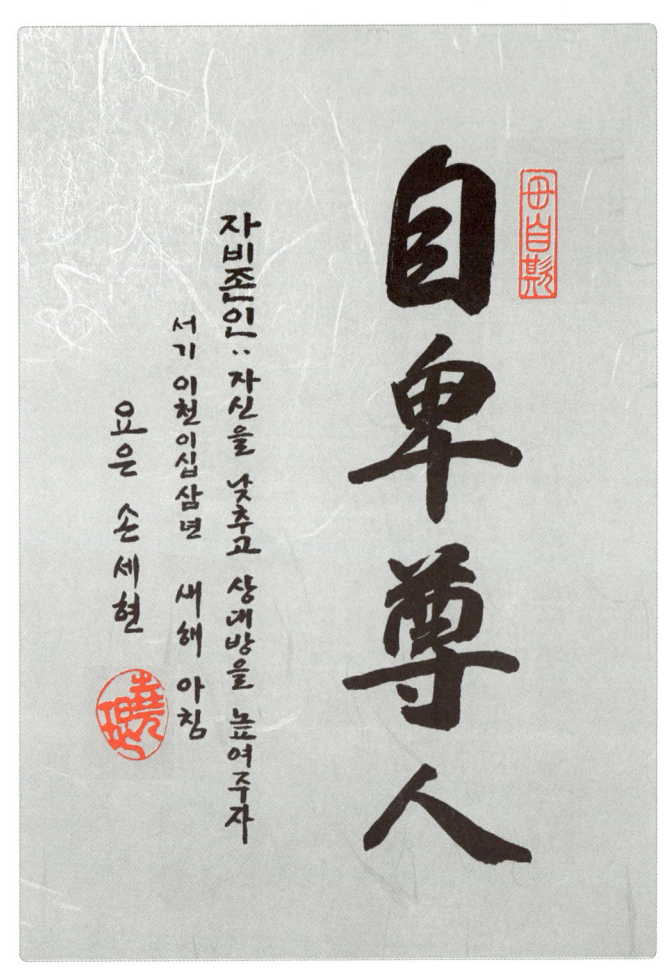

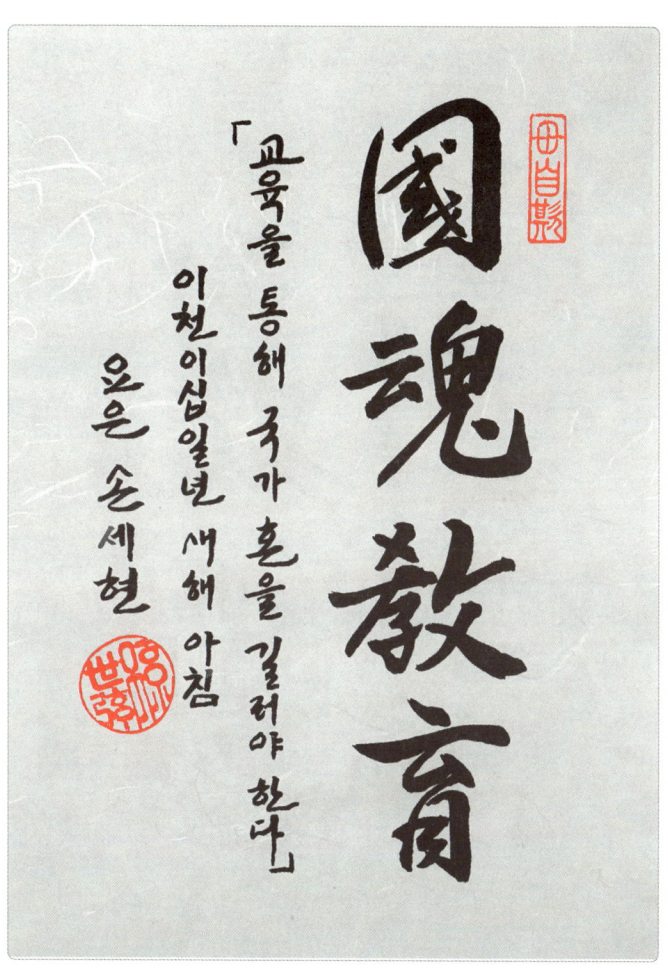

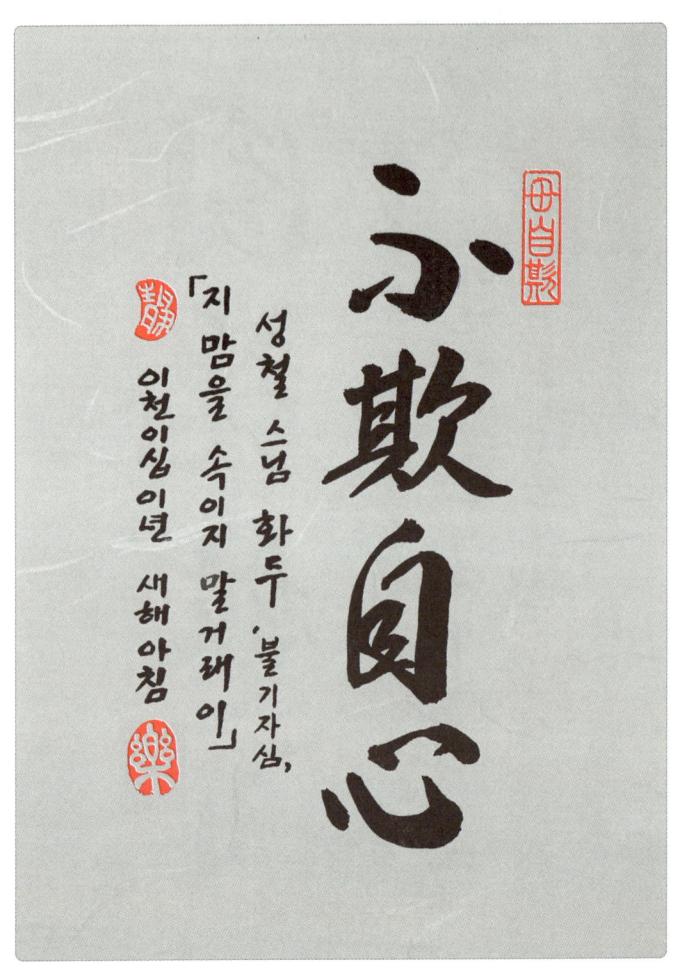

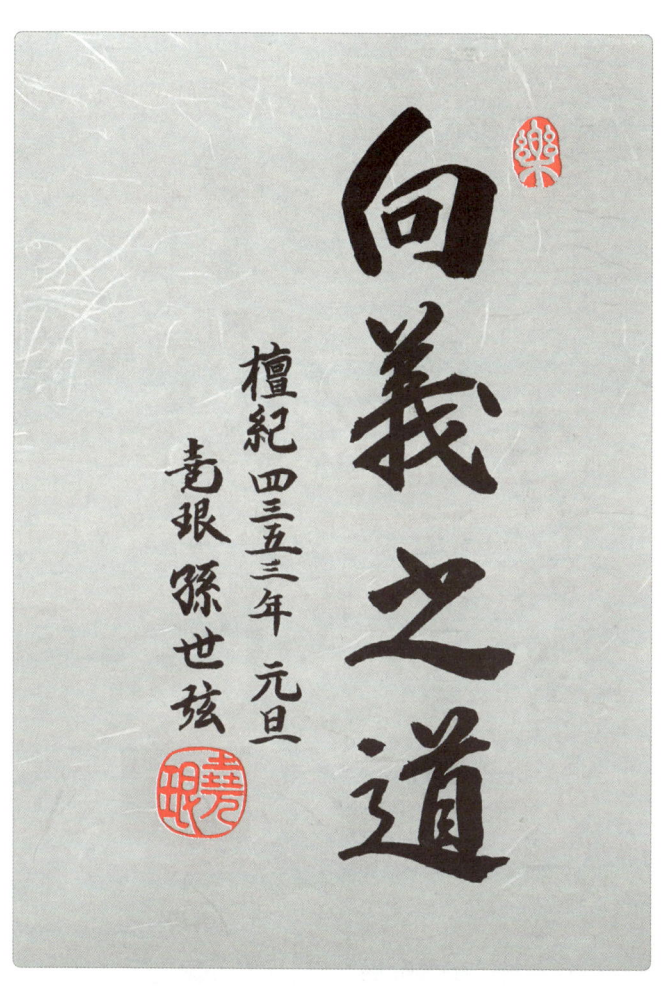

향의지도(向義之道) : 옳은 길로 나아가자.

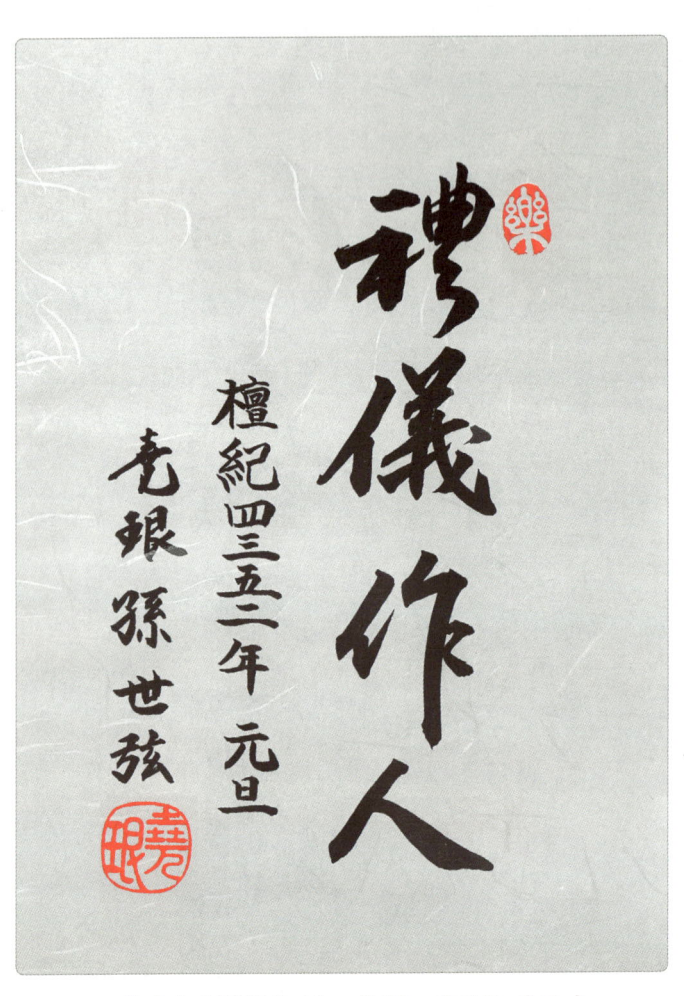

예의작인(禮儀作人) : 예의는 사람을 만든다.

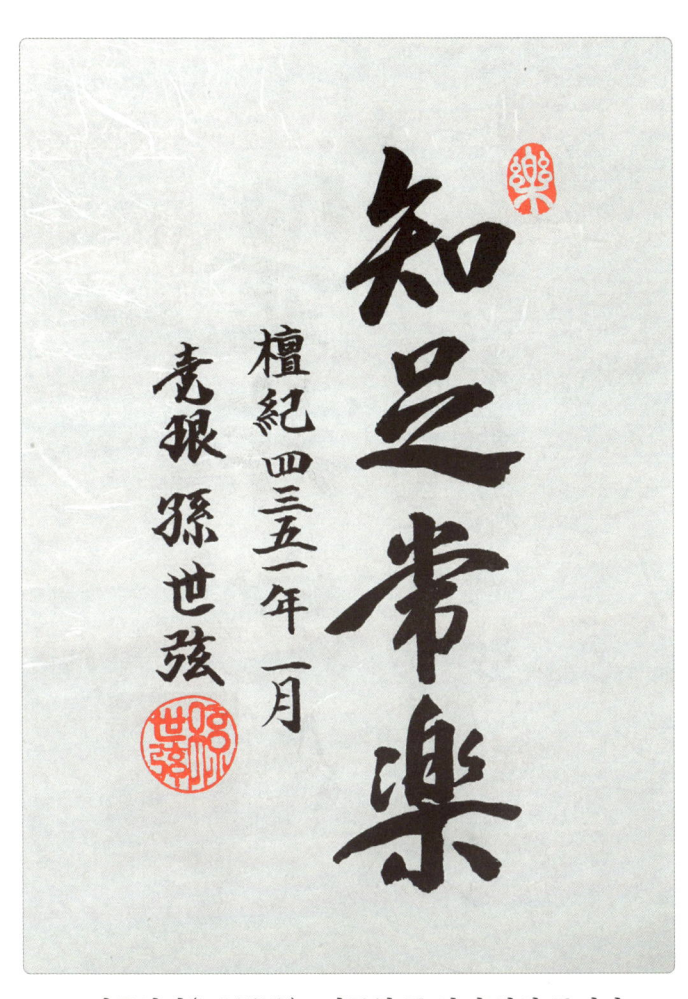

지족상락(知足常樂) : 만족할 줄 알면 항상 즐겁다.

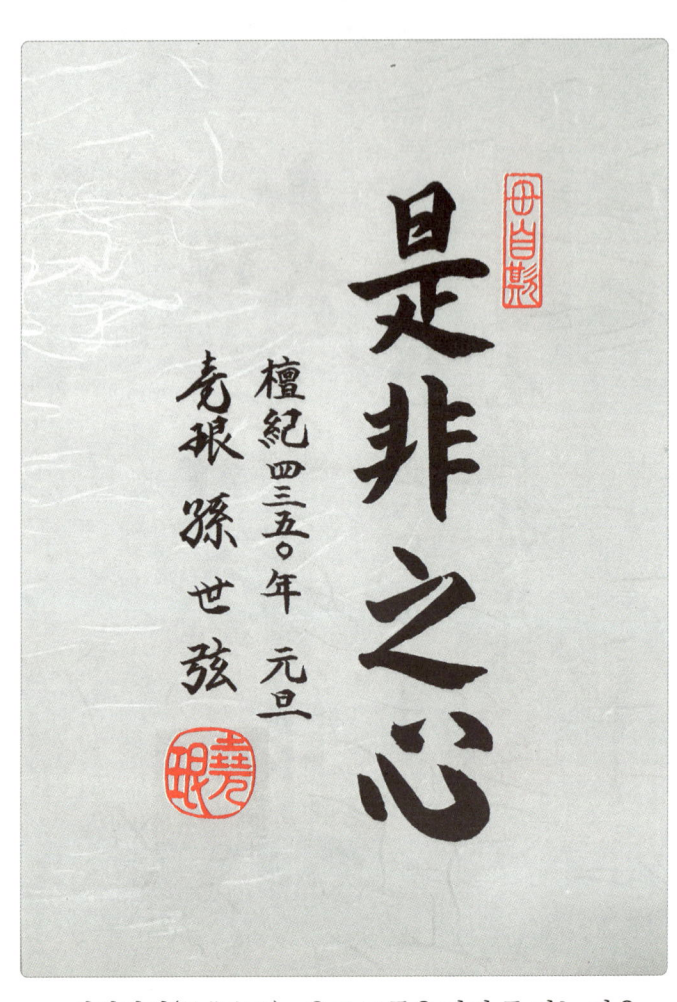

시비지심(是非之心) : 옳고 그름을 가릴 줄 아는 마음.

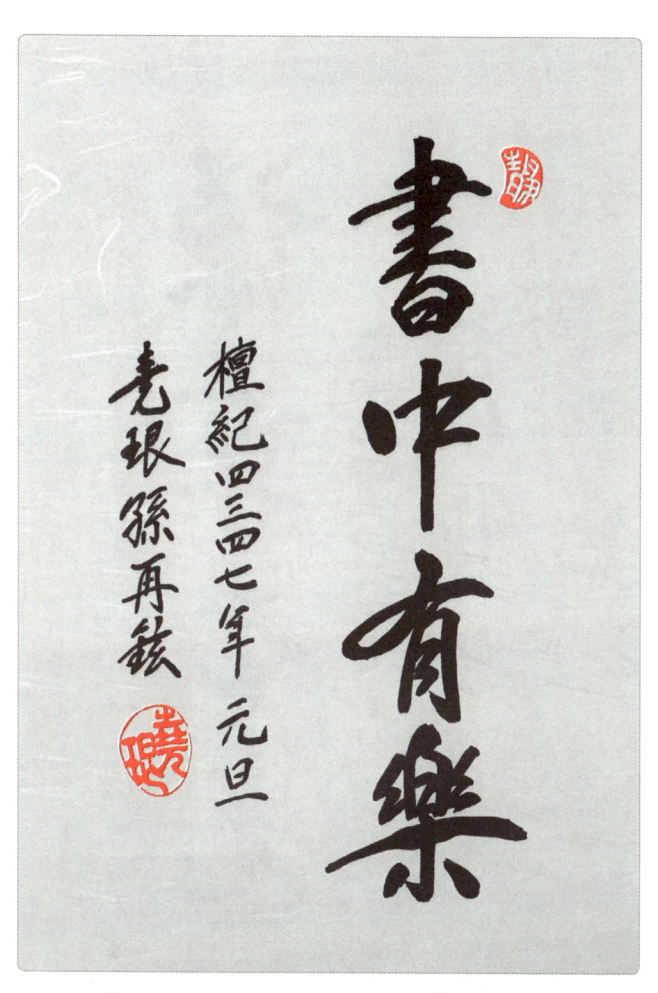

서중유락(書中有樂) : 책 속에 즐거움이 있다.

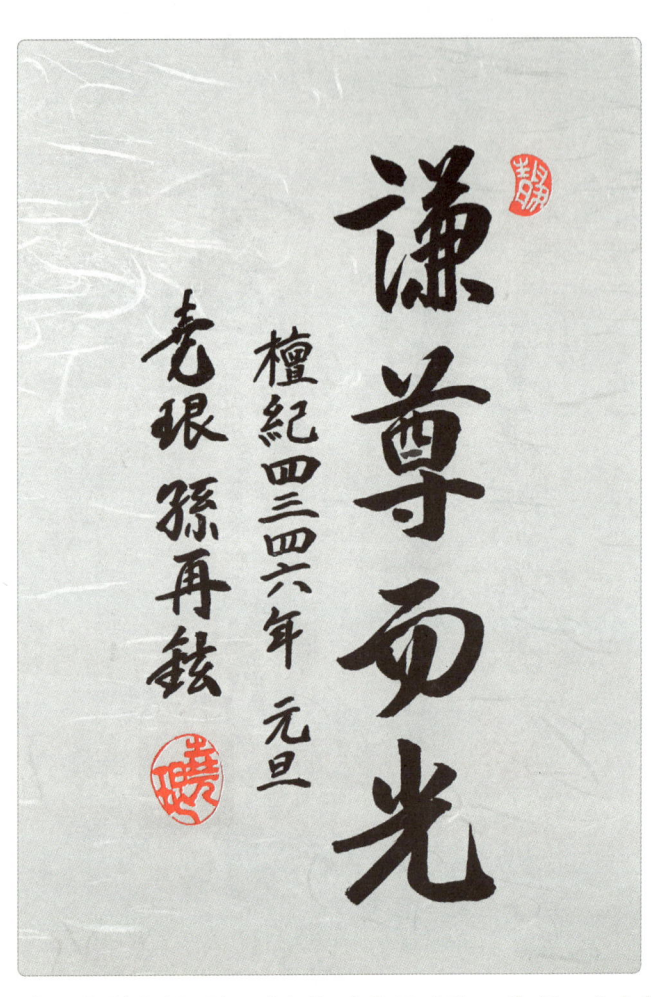

겸존이광(謙尊而光) : 겸손은 가장 존귀하고 빛나는 것이다.

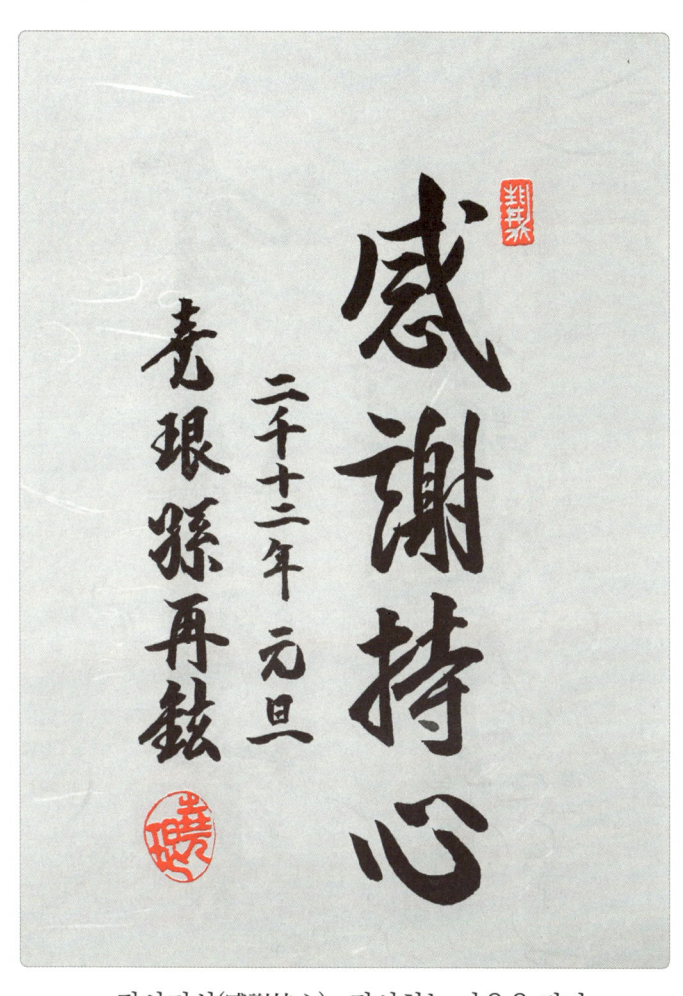

감사지심(感謝持心) : 감사하는 마음을 갖자.

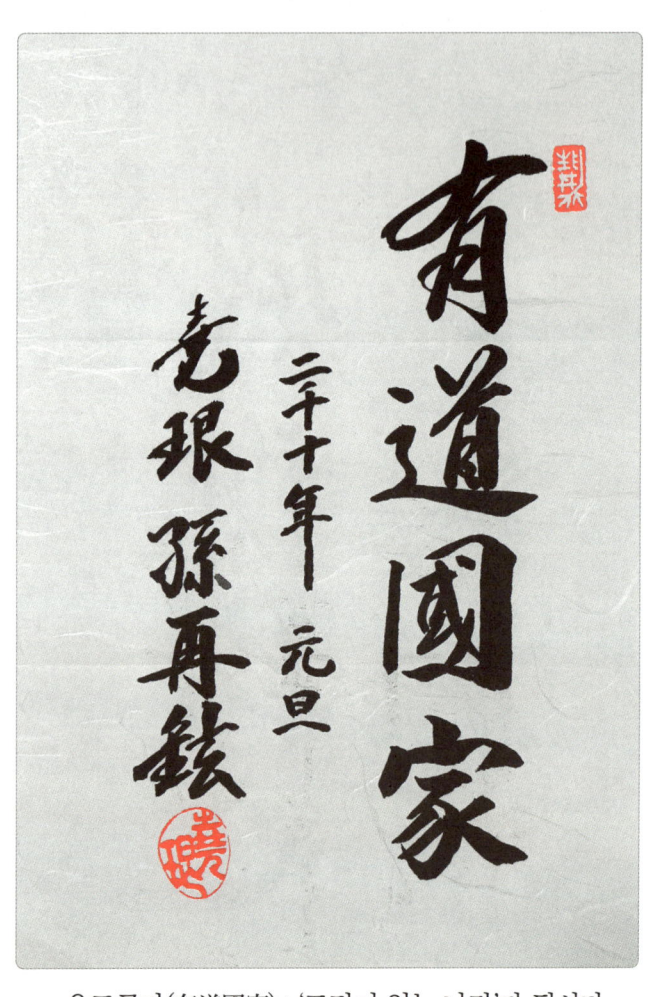

유도국가(有道國家) : '도덕이 있는 나라'가 됩시다.

청빈진심(淸貧眞心) : 청백하여 가난하지만 마음은 진솔해야 한다.

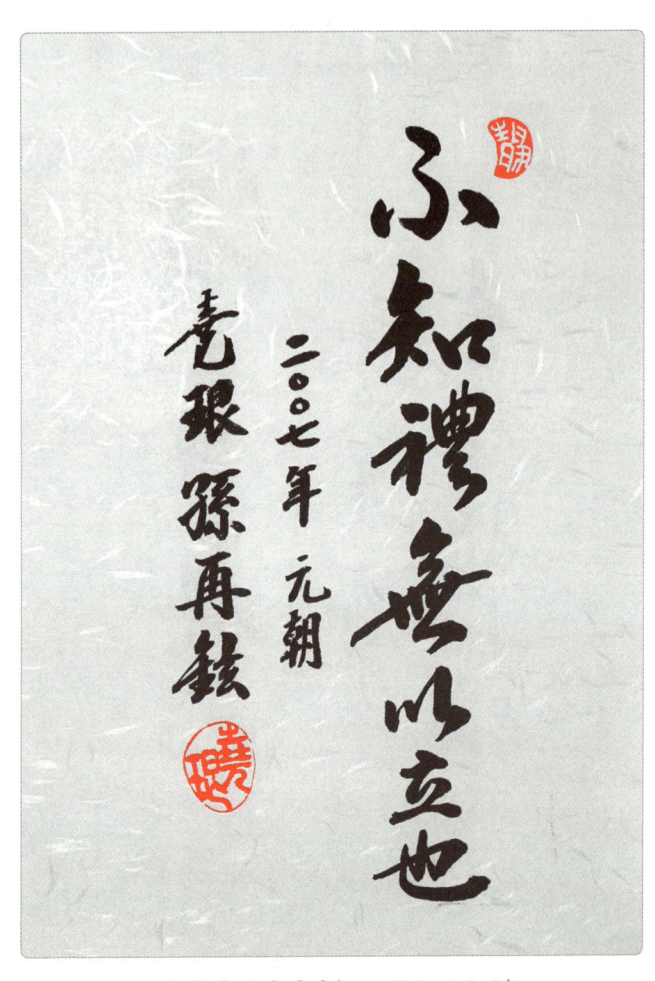

부지례무이입야(不知禮無以立也):
예를 알지 못하면 사회에서 존립할 수 없다.

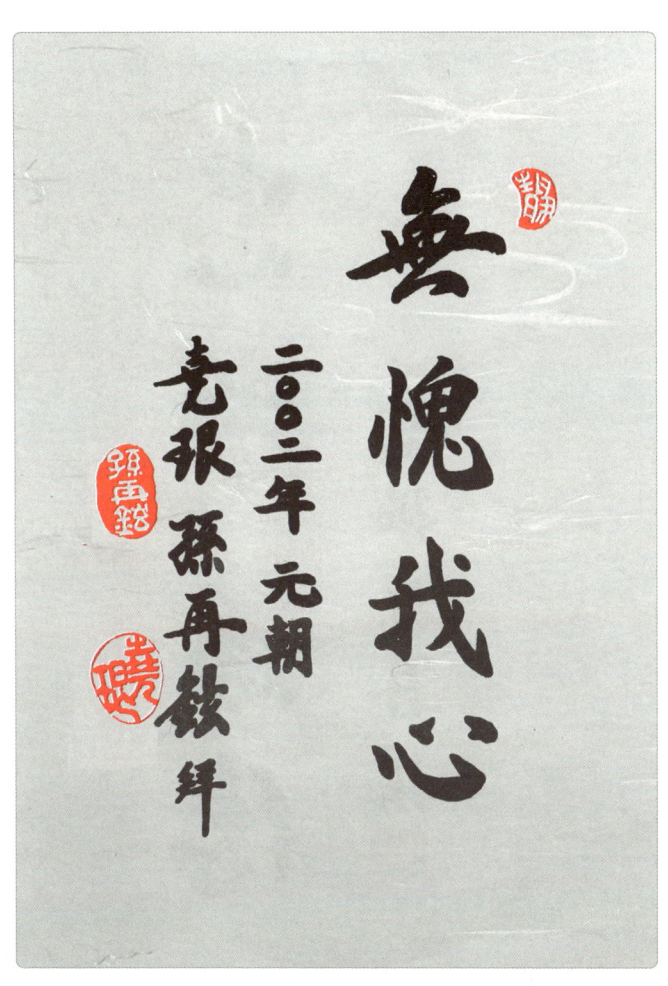

무괴아심(無愧我心) : 내 마음에 부끄러움이 없어야 한다.

충효위덕(忠孝爲德) :

나라에 충성하고 부모께 효도하면 덕이 된다.